解密 TikTok

TikTok Boom
China's Dynamite App and the Superpower Race for Social Media

[英] 克里斯·斯托克尔-沃克 著
(Chris Stokel-Walker)
法意 译

中国的爆款应用如何改变世界

中信出版集团 | 北京

图书在版编目（CIP）数据

解密 TikTok：中国的爆款应用如何改变世界 /（英）克里斯·斯托克尔 - 沃克著；法意译 . -- 北京：中信出版社 , 2023.7

书名原文：TikTok Boom: China's Dynamite App and the Superpower Race for Social Media

ISBN 978-7-5217-4591-7

Ⅰ . ①解… Ⅱ . ①克… ②法… Ⅲ . ①网络公司－企业管理－研究－中国 Ⅳ . ① F492.6

中国版本图书馆 CIP 数据核字（2022）第 153080 号

TIKTOK BOOM: CHINA'S DYNAMITE APP AND THE SUPERPOWER RACE FOR SOCIAL MEDIA by CHRIS STOKEL-WALKER
Copyright: © Chris Stokel-Walker 2021
This edition arranged with Canbury Press and Louisa Pritchard Associates through BIG APPLE AGENCY, LABUAN, MALAYSIA.
Simplified Chinese edition copyright © 2023 CITIC Press Corporation
All rights reserved
本书仅限中国大陆地区发行销售

解密 TikTok：中国的爆款应用如何改变世界
著者： ［英］克里斯·斯托克尔 - 沃克
译者： 法意
出版发行：中信出版集团股份有限公司
（北京市朝阳区东三环北路 27 号嘉铭中心　邮编　100020）
承印者： 河北赛文印刷有限公司

开本：880mm×1230mm 1/32　印张：8.75　字数：200 千字
版次：2023 年 7 月第 1 版　印次：2023 年 7 月第 1 次印刷
京权图字：01-2022-3945　书号：ISBN 978-7-5217-4591-7
定价：68.00 元

版权所有·侵权必究
如有印刷、装订问题，本公司负责调换。
服务热线：400-600-8099
投稿邮箱：author@citicpub.com

目录

序　言　　　　　　　　　　　　　　　　　　　Ⅰ

第一部分
一款全球视频应用程序的愿景

　　第 1 章　故障频出的服务器　　　　　　　003

　　第 2 章　2019 年的会议中心　　　　　　　010

　　第 3 章　首个全球性的中国社交媒体平台　014

　　第 4 章　中国与世界　　　　　　　　　　019

　　聚焦创作者：卢卡·加洛内　　　　　　　　022

第二部分
欢迎来到字节跳动

　　第 5 章　超级应用商店　　　　　　　　　027

　　第 6 章　网络流行文化的重要性：Vine 何以成功　034

第 7 章	我们需要赚钱：Vine 的陨落	039
第 8 章	声名鹊起：收购 Flipagram	044
第 9 章	强强联合：携手 Musical.ly	048
第 10 章	抖音诞生	052
第 11 章	TikTok 启动	057
第 12 章	开拓全球市场：以印度为例	061
第 13 章	接管 Musical.ly	066
聚焦创作者：安娜		069

第三部分
TikTok的发展历程

第 14 章	成功的秘诀	075
第 15 章	人们如何使用 TikTok	084
第 16 章	掌控行业生态	090
第 17 章	管理网络名人	095
第 18 章	为社群提供支持	101
第 19 章	给网络名人额外收益	105
聚焦创作者：康伯"马"奇		114

第四部分
走进字节跳动

| 第 20 章 | 张一鸣的杰作 | 121 |
| 第 21 章 | 成长之痛 | 128 |

第22章 与阿尼一起成名 133

第23章 审查制度：东西方的差异 138

聚焦创作者：火花与蛋挞 143

第五部分
TikTok的创造力与改变力

第24章 改变音乐的含义 149

第25章 音乐人的故事 152

第26章 歌曲混剪 159

第27章 单曲神话 162

第28章 2020年会议中心 165

聚焦创作者：乔爷爷 169

第六部分
陷入文化与政治旋涡

第29章 崛起的力量 173

第30章 在印度市场的繁荣与萧条 178

第31章 硅谷主导地位的终结 187

第32章 美国的反对声音越来越大 192

第33章 特朗普禁令 197

第34章 数据担忧的真相 203

聚焦创作者：麦肯锡·特纳 211

第七部分
未来

第 35 章　行业竞争　　　　　　　　　　217
第 36 章　张一鸣"后退",字节跳动"前进"　225
第 37 章　科技霸主之争　　　　　　　　　232
第 38 章　结论　　　　　　　　　　　　　236

致　谢　　　　　　　　　　　　　　　　241
注　释　　　　　　　　　　　　　　　　245
译后记　　　　　　　　　　　　　　　　265

序 言

安迪·沃霍尔的"15分钟定律"从未像现在这般被动摇过。1968年,美国波普艺术先驱安迪·沃霍尔在斯德哥尔摩的一场展览中写下:"未来,每个人都可以在15分钟内举世闻名。"这个在当时被许多人视为异想天开的预言在21世纪的第3个10年很可能会被现实削弱:任何手机用户都可以通过TikTok(字节跳动的海外短视频产品),在短短几秒钟内被数百万人熟知,然后迅速重回默默无闻的状态。一系列成功的自拍视频可以使一个普通人变成富豪,然而,不同于沃霍尔的时代,如今从平凡到成名的蜕变并不是通过多个媒体渠道,而是通过单一的、快速的、不断变化的社交媒体应用程序。而TikTok就是这样一款由神秘算法驱动的中国应用程序。

在TikTok上获得的成功与已有的名气无关。TikTok英国团队负责人亚丝明·豪说:"任何人都有可能在TikTok上出名。你可能寂寂无名，也可能拥有100万名粉丝。"该团队于每天上午9点开会，回顾24小时内上传到英国TikTok平台上的超过160万个视频（只有9%的注册用户会上传视频，其他的用户则仅仅观看视频）。亚丝明和她同事在TikTok上享有"上帝视角"，不受强大算法的影响，因为这种算法能够根据用户的观看历史和个人兴趣为其推送类似内容，并能通过每天新上传的视频不断进步。

TikTok的算法是基于用户之前观看内容的"内容画像"，而不是基于用户订阅形成的"社交画像"。这样的算法使得视频在一种并非有利的传播环境下实现病毒式传播。"我们总是可以发现一些可能只有50个粉丝的账号上传了一些风靡全网的内容，"亚丝明说，"然而这种现象并没有什么秘诀或捷径可言。"

这种不可预测性使得TikTok上的头部博主的变动速度极快。比如柯蒂斯·罗奇制作的有关因新冠肺炎疫情而被隔离在家内容的说唱视频，让他从口袋里只有12美元的穷光蛋变成风靡全网的"音乐家"。再比如，苏格兰邮递员内森·埃文斯的船歌视频让他获得了大多数人梦寐以求的唱片合约。一分钟前这些人还和你我一样普普通通，然后摇身一变成了数字世界的偶像，被网民喜爱和羡慕。

本书讲述了那些一夜成名的视频制作者的故事，也包括TikTok的崛起以及它对社会各方面产生的影响，如果仅将

TikTok 视为一个社交平台就会错过很多更为重要的议题。很显然，TikTok 的崛起速度极快，并创造了新一代比 YouTube（优兔）博主更年轻的网络名人。但 TikTok 的崛起实则具有更深远的影响，因为创造并拥有它的是一家中国公司。长期以来，中国主要为西方公司装配手机和计算机等硬件产品，如今却快速地进军软件和人工智能领域。中国计划在 2021 年之后的 5 年投入超过 1.4 万亿美元发展新一代科技，这显示出其放眼世界的发展目标。与此同时 TikTok 在世界各地陷入了争议，大家都在争论 TikTok 是否只是一家普通民营企业，不过是想要在曾被硅谷大公司主导的互联网世界成为新的支柱而已？争论的双方各执己见，分歧难以弥合。

TikTok 事关未来技术的走向，并与我们的日常生活息息相关。这一争论的结果可能会决定我们手机中的应用程序未来的发展方向和数据的储存方式。在过去的 20 年，西方人已经默许将自己生活中最私密的信息告诉美国的互联网巨头（谷歌、苹果、脸书和亚马逊等），从最喜欢的意大利面品牌到身体状况，甚至是内衣尺码。可连续的丑闻已经证明，人们的信任错付了。TikTok 的起源并不在西方，而是在中国，随着人们的生活越来越多地被转移至网络世界，个人数据和资金是应该保留在硅谷少数公司的控制范围内，还是应该迁移至其他国家的数据服务器，开始成为一件值得思考的事情。

其他国家的政客似乎也有同样的想法，这也是 TikTok、华为等中国科技公司成为西方国家批评和调查对象的原因。2020 年，在唐纳德·特朗普还担任美国总统时，TikTok 进入了他的视野。在一次国家安全调查中，特朗普将这一短视频应用程序定性为"敌人"，当时，TikTok 凭借音乐对口型拍摄模式极受年轻人的喜爱，而特朗普的这一举动直接导致了数十亿美元的商业损失。同时，尽管许多网络安全专家早已做出了分析，但印度、日本、澳大利亚、欧盟各国和英国仍在持续调查 TikTok 是否存在泄露用户隐私的情况。很多政治家也表示他们将采取措施以应对 TikTok 的发展。印度在 2020 年 6 月禁止了包括 TikTok 在内的 59 款由中国开发的应用程序，并于 2021 年 1 月宣布永久禁用上述软件，此举造成 2 亿用户无法登录平台，数千名员工失业。

不出所料，随着业务范围的扩大和公司实力的提高，TikTok 在美国和其他国家进行着反击。TikTok 公司的不满持续发酵，并开展了一系列公关活动，表明自己已然成了这场越发激烈的地缘政治斗争中的棋子。TikTok 声称："（特朗普）政府无视真实情况，在没有经过正常法律程序的情况下推进协议条款，并试图干涉民营企业之间的协商。"在发表声明的 3 周内，TikTok 对美国总统提起了诉讼，指控他的做法有悖于政府的合规程序且违反了宪法第一和第五修正案，还指控特朗普这一举动的目的在于获得更多政治支持，以及扼杀全球经济发展新驱动的未来。这款曾经极受欢迎，并对我们线上线下文化产生着重大影响的应用程序被卷入了世界上两个超级大国之间的竞争。

本书将讲述 TikTok 的故事，即它源自哪里，它是如何推动我们社会的转型并在世界范围内扩张的。在一些了解 TikTok 内部情况的人的帮助下，你将了解这家公司的运作方式、发展目标和未来走向。你会看到这款世界上发展速度最快的应用程序的复杂谱系，以及其受欢迎的领域和相关原因。你也会了解到 TikTok 背后的公司，该公司正在自己的领域内挑战谷歌，它不想止步于仅通过传播视频取悦用户。上述信息对了解 TikTok 在世界范围内产生的巨大影响极为重要，也有助于读者在关于 TikTok 的争论中做出更明智的决定。围绕 TikTok 产生的争论究竟是源于仇外的政治鼓吹，还是源于我们对未来世界里科技寡头及其与政府关系的担忧？

除此之外，我们还将探索在今后至少 25 年里 TikTok 的发展对人类安全、隐私和宣传方面的真正影响。我们可能正处于权力基础发生重大转变的风口浪尖。在本书中，我们讨论的不仅仅是要崇拜哪类名人或者是在无聊时应该打开哪款应用程序，而是正在发生的事情将塑造未来我们如何购物和储蓄、谁掌管我们的数据，以及这些数据最终去向何方。这就是特朗普试图遏制 TikTok 发展的原因，美国的新任总统拜登在中美关系持续遇冷时期也极为重视该问题。

有时，问题会多于答案，这是因为 TikTok 如此快速地占据了所涉领域的支配地位，我们正在见证历史。当你放下这本书时，你将了解比此前更多的信息，这些信息能让你更好地参与这场关于 TikTok 的争论。

第一部分

一款全球视频应用程序的愿景

第 1 章
故障频出的服务器

在技术领域，失败是成功的第一个标志。例如，社交媒体上一则帖子不断地被点赞和收藏，通知提醒不断，导致你因为电池电量被耗尽而只能盯着黑色屏幕；或者是服务器的提示灯不停闪烁，最终达到极限。科技会通过某种方式让你达到最佳状态，但有时候意想不到的收获可能会让原先定下的完美计划偏离方向。可以把它想象成一艘船，当你根据原有的乘客数量准备了一切时，如果船上的人太多，船头就会开裂，水就会渗入，船就会在顷刻间翻覆。

朱骏是一位善于思考的浙江大学土木工程专业毕业生。2016年7月22日，年仅35岁的朱骏一觉醒来就意识到自己取得了巨大的成功。他的履历十分丰富，曾参与过思科的视频会议系统研发工作以及 SAP（爱思普）的业务软件开发工作。朱骏和与他同龄的同事阳陆育共同开发了一款音乐类应用程序 Muscial.ly，用户可以在该软件上选择自己喜欢的流行音乐，通过对口型以及肢体动作的方式来录制一个15秒的音乐短视频。Muscial.ly引起了青少年的广泛关注，70%的用户在该款应用程序上与现实中的好友互动，并不断说服身边的好友尝试使用。用户几乎一半的粉丝都是与他们在现实生活中关系密切的人，这意味着他们会更频繁地登录该应用程序以追踪好友的动态。

某天，当我们通过夹杂着噪声的Skype（一款即时通信软件）交谈时，朱骏被Muscial.ly美国分公司告知，服务器又一次崩溃了。朱骏不属于那种墨守成规的员工，他将自己视为创新型人才，并把自己的工作定义为"设计之家"。他并不在社交软件上使用自己的真实姓名，而是使用一些天马行空的词作为昵称，如"保持安静"或"我可爱的房子"。当我问他Muscial.ly是否因为太受欢迎才屡次三番出现问题时，他大笑并解释说，1 100万日活跃用户所产生的流量冲垮了公司在世界各地的数据中心和用于处理超额流量的备用后台。

事实上，该款应用程序所拥有的1亿用户已经使服务器超额运行了6个月。在朱骏和阳陆育首次开发出Muscial.ly时，他们并没有预料到用户数会如此快速地增长。朱骏告诉我："最初研发这个软件时，我们并没有考虑到可拓展性。"他个性豁达，并且不十分在意流量问题。

即使如此，Musical.ly的每个员工也都知道，无论何时何地，只要出现问题就必须迅速解决。用户非常善变，如果服务器中断导致几个小时都无法登录，他们可能就会选择将应用程序卸载。而一款应用程序在西方极受欢迎则意味着很多问题可能出现在中国的深夜。很少有人知道因服务器故障而导致失眠的夜晚，工程师团队因为压力过大和睡眠不足而烦躁易怒。朱骏说："团队成员缺乏充足的休息。"

一方面，Musical.ly 的工程师团队拼命地恢复因用户太多而出现故障的服务器；另一方面，他们正在重建软件与数据中心的通信方式，以防止服务器出现容量破口。此项工作因朱骏在 2016 年 7 月某个清晨的讲话中所发表的宏伟构想而变得越发重要。Musical.ly 一度被认为是无聊青少年消磨时间的一种方式，他们只是把拿着梳子当麦克风对镜唱歌的行为搬到了线上，但一切都将改变。朱骏说："除了音乐，我们还将引入更多的文化形式。"他将未来的 Musical.ly 构想成这样一个平台：用户可以对着智能手机表演喜剧、录制自己的声音和表演片段，或是伴随着自己喜欢的音乐跳搞笑的舞，然后在平台上分享。"只要是一种视频的表现形式，我们就能实现这一构想。"朱骏说道，"这款应用程序背后的基本逻辑其实就是通过视频的形式实现自我表达和社交。"这个具有远见卓识的决定使 Musical.ly 建立起了庞大的用户群体。

Musical.ly 最终转型为 TikTok，在世界范围内累计下载量达到 26 亿次。

TikTok 极易上手。用户只要拿起手机，打开应用程序，按下录制键，滑动指尖即可选择各种滤镜拍摄一段 15 秒或 60 秒的视频。用户可以添加从热门榜单或其他任何地方截取的音乐片段，并将生成的素材上传至 TikTok。同时，用户可以通过添加主题标签的方式，使视频更容易被其他用户发现。视频内容完全取决于用户：高空艺术家可以在高楼大厦上做出惊险的跳跃动作，青少年可以在他们的卧室里跳舞或者利用屏幕上的字符传播任何他们想表达的信息。有些人唱歌，有些人跳舞，有些人只是盯着屏幕。这非常自然、简单、直观且易成瘾。它甚至比 YouTube 更能消除观众和创作者之间的界限。

TikTok 在短期内创造了多项纪录。2018 年 1 月，TikTok 月活跃用户数达到 5 400 万，该数据在 2018 年和 2019 年底分别达到了 2.71 亿和 5.07 亿。2020 年 7 月，TikTok 月活跃用户数已达 6.89 亿，是推特的两倍多。仅 2020 年第二季度，就有 5 000 万名欧洲用户和 2 500 万名美国用户在移动设备上下载了 TikTok。约有 5 000 万名美国人每天都要打开该应用程序，根据 TikTok 的官方数据，这一数值相比 2018 年 1 月时增长了 10 倍。

上述数字是美国科技巨头梦寐以求的。YouTube 和脸书分别运营了 15 年和 13 年才使其月活跃用户数达到 20 亿。如果 TikTok 保持这一发展势头，那么它可能会在三四年内拥有这一体量的用户（见图 1-1）。科技的飞速发展和热门新款应用程序的传播速度之快，都在一定程度上解释了 TikTok 用户数快速增长的原因，但 TikTok 的设计亮点才是它脱颖而出的关键。

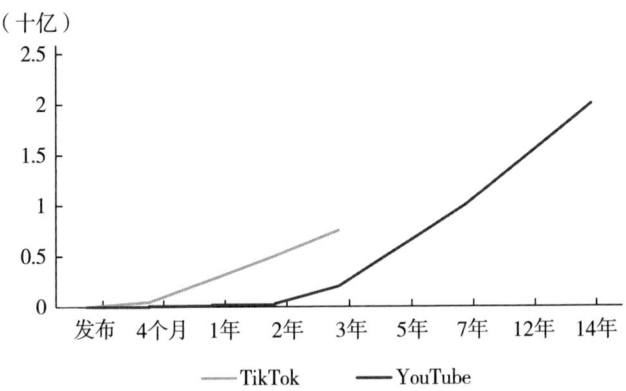

图 1-1 TikTok 与 YouTube 发布后的月活跃用户数增长情况对比
数据来源：公司官方数据和新闻报道。

事后看来，朱骏在那场清晨的讲话中透露了自己的野心。我曾问他是否想过与当时已经拥有 10 亿用户的 YouTube、流媒体直播服务运营商 Periscope，或视频分享移动应用程序 Vine 竞争。他漫不经心地给出了答案，他认为 Muscial.ly 已经与那 3 款软件竞争了很久。此外，他很满意现有的用户数据，并认为这是"能想象到的最好的用户群体"。Muscial.ly 75% 的用户是女性，54%的用户不满 24 周岁。他还解释道："他们不仅时间充裕、极具创造力，还对社交媒体成瘾。"大部分用户是青少年，最活跃的用户大多在 13~20 岁，而且用户平均年龄每月均有小幅增长，这是因为青少年用户将该款应用程序推荐给他们的父母和祖父母，以便与长辈一起录制音乐视频。三年半后，我与 TikTok 的英国总负责人说起，2019 年是 TikTok 的变革之年，因为英国家庭已不再玩《大富翁》，而是围着圣诞树拍摄视频。那时，我不断回想起朱骏对用户平均年龄增长原因的解释。

"创建一个社群与管理一个国家极为类似，" 2016 年朱骏在一次采访中说，"早期，从零开始创建一个社群就像探索一块新大陆，你得给它取名。你会想要让其发展，增加人口，吸引移民来到这里。"

那时，其他"国家"更受欢迎。朱骏特别提到，照片墙（Instagram）和脸书的"经济"更为发达。那时的 Muscial.ly 既没有"人口"，"经济"也不发达，该如何吸引用户呢？朱骏将目光投向了其他地方，并借鉴了一个古老的想法："美国梦的承诺。"

在那些"历史悠久"的"国家"，如脸书和照片墙，"社会阶层"早已固化，普通人自我提升的机会极少，这正是 YouTube 长期以来试图解决的问题。研究表明，96.5% 的创作者无法从广告收入中赚取足够的钱维持生计。朱骏对此解释道："这些用户几乎没有机会实现社会阶层的跃升。"

但在这片新大陆上，你可以管理一个高度集中的经济体，将大部分资源转移给少数人，让他们先富裕起来。接着，他们就会成为新大陆的代言人，让其他人看到这边的草地更加葱郁，从而吸引更多人迁移到这片新大陆。这就是TikTok一直推行的模式之一。

然而，在到达一定阶段后，财富必然向下分流。"拥有美国梦是一件好事，但如果这仅仅是一个梦，人们迟早会醒过来。"这句话同样适用于应用程序中的"上层阶级"和新用户。起初，仅靠名气就足以让人们拥抱一个崭新的平台，但在达到某一阶段后，他们就会考虑收入问题。"一旦出了名，名气就远远无法满足他们了，"朱骏说，"他们需要变现。"

朱骏的构想从早期开始就异常清晰。那时，他刚推出了一款辅助类应用程序Live.ly，能将多个通信平台融合成一款应用程序。这有助于Muscial.ly跳出原先的对口型市场，从而跨入更广阔的视频市场。他和阳陆育的目标并不仅仅局限于美国和欧洲，还有东南亚、印度、日本和巴西。这一全新的应用程序使用户能够制作各种各样的视频，同时吸引了年龄更大的用户。朱骏既想吸引13~20岁的青少年，又想吸引20~30岁的年轻人。

朱骏对行业发展有远见，而且他本人大胆有魄力，敢于不断尝试。他告诉我："我们不得不通过无数的试验来探索这款应用程序的走向，现在预测它的潜力还为时尚早。"

第2章
2019年的会议中心

2019年2月,世界上最大的网络视频会议——VidCon(网络红人大会)首次在英国伦敦举行。VidCon展示了网络视频世界截然不同的两个极端,会议在伦敦举行的第一天,数字营销人员身着得体的西装,讨论着如何把握关键用户,而大部分负责业务发展的工程师则顶着一头乱发,中年男性的肚腩很难被品牌T恤遮掩,他们讨论着在YouTube上做大的秘诀。

然而,到了周末,会议就会变得很奇怪。大厅里充斥着女学生见到偶像时的尖叫声,你还会看到一些穿着奇装异服的人。网络视频的企业文化和社群文化在此碰撞。

2019年时,YouTube博主汉克·格林和约翰·格林两兄弟已经创立VidCon 10年了。在这10年里,VidCon的规模不断扩大,反映出YouTube的崛起。YouTube从一个上传家庭视频的古怪网站变成了更广阔的平台。VidCon发生了极大的变化,从会议小组和参与者数量，到普通博主逐渐摆脱数字视频明星的身份转而变为名人的方式，但有一点始终未变，那就是它一直是一场关于 YouTube 的会议。

我的朋友佐伊·格拉特建议我留下来参加下一场小组讨论，那是一场关于一款我略知一二但从未使用过的短视频应用程序——TikTok 的讨论。我对那场小组讨论并不怎么感兴趣，因为它直到中午才开始，而我一大早主持了一场关于 YouTube 博主心理健康的会议，已经数个小时没有吃东西了。

我知道 TikTok 在其他一些地方很流行，但我的认知是建立在层层转述之上的。尽管我知道 TikTok 大受欢迎，但仅局限在一些方面，就像外国人只知道美国国家橄榄球联盟为其成员支付着天价薪水，却不曾真正了解它，或者从未了解过为什么会有人关注它。但是佐伊十分坚持，于是我挑了一个远离会议室喧嚣的安静区域，参加了那场 TikTok 小组会议。

然而，就是这场会议改变了一切。

在那次的网络红人大会上，一些小平台举行的小组会议大都比较无趣，创作者、经理、广告商和品牌商在讲台上聊天，观众也懒洋洋地用手机浏览着电子邮件。

但关于 TikTok 的会议却给我带来了截然不同的体验。首先，除了那些陪着孩子的父母，29 岁的我是其中年龄最大的一个，与周围的人有着明显的年龄差异。听众将头发编成辫子，脸颊上画着闪闪发亮的条纹，他们兴奋地跺脚，几近尖叫。这场会议的基调和氛围是与众不同的，当小组成员谈论商业、品牌协议以及平台发展机会时，当主持人开始让观众提问时，观众兴奋地将手高高举起。有些孩子甚至在座位的边缘摇摇欲坠，只为了将他们的手再举高半英寸[①]。

会议中提出的问题就如我眼前看到了立体模型般极具启发性。虽然大多数YouTube的小组讨论了每千次点击率或者CPMs（一种盈利机制，是指广告商为了1 000次广告浏览量所需支付的费用），又或是收入来源多样化的益处等专业问题，但在TikTok的讨论会上，最棘手的问题却来自一个天真的孩子。她问自己的偶像如果在录制过程中笑场了该怎么做。包括维基·班纳姆、汉娜·斯诺、劳拉·爱德华兹在内的TikTok博主并未就录制方面的内容做过多回答。

5个月后，美国的VidCon在加利福尼亚州的阿纳海姆会议中心举办。这场会议比此前在英国举行的那一场规模更大、更受重视、更大胆前卫。虽然我并未参与此次会议，但我的很多新闻界同行都出席了，并经历了我此前在英国经历过的心路历程。当发色闪亮、皮肤洁净、拥有无可挑剔的古铜色皮肤、风格独特的年轻人在精心编排的节目中跳舞，成群结队的青年人聚集在他们

[①] 1英寸约合2.54厘米。——编者注

周围时，这种心态转变是在所难免的。这就是 TikTok 视频最初的模式。仿佛忽然之间，TikTok 成为每个人谈论的对象。

Lil Nas X（蒙太罗·拉马尔·希尔）在公告牌百强单曲榜中破纪录的成功很大程度上归功于 TikTok 将《乡村老街》用作视频模板。碧昂丝也在一首歌中提到了 TikTok，甚至连威尔·史密斯也加入了 TikTok（他于 2018 年 1 月加入 YouTube，2017 年 12 月加入照片墙，2019 年 10 月注册了 TikTok 账号）。

但是，除了关注最近有哪些新的名人出现，人们对这一应用程序的关注点也逐渐发生了转变。围绕 TikTok 的讨论已经从简单地理解它受欢迎的原因转向更深层的内容。

第 3 章
首个全球性的中国社交媒体平台

与 YouTube 或其他视频类社交媒体平台相比，TikTok 的前景更为国际化，它在全球被广泛使用，并深受用户喜爱。同时，TikTok 也是中国的一项伟大的技术成就，这引发了诸多困境与机遇。

与其他的主要科技巨头，如脸书、推特和 YouTube 等都来自硅谷不同，TikTok（包括 Musical.ly）深深植根于中国。而 TikTok 与中国的密切联系使得一些人感到不快。

在很长一段时间里，中国仅是美国科技公司的"加工厂"，负责制造和组装廉价的零部件并转运出售给西方消费者。但近年来，这种情况发生了转变。中国不再仅满足于为世界制造硬件，而是开始出口软件。曾以廉价劳动力为依托的"中国制造"开始转变为向西方世界传播有创意的"中国创造"。TikTok 便是"中国创造"的耀眼产物之一。

欧美地缘政治方面的鹰派人士对中国将软件和服务出口到西方世界始终持谨慎态度，TikTok 作为中国企业研发的软件，自然引起他们的极大不安。他们认为，TikTok 上古怪的视频和标签可能会影响普通西方民众的意识形态。大量的脸书用户数据被泄露给剑桥分析公司（Cambridge Analytica），并被非法用于竞选活动的丑闻加剧了人们对科技公司的担忧。在剑桥分析公司丑闻事件发生之后，我们比之前更加意识到社交媒体数据的价值，以及当大公司和个人拥有这些数据的访问权限时，可能拥有怎样的力量。虽然观看 TikTok 视频并不要求用户建立个人账号，但人们仍需要通过设备对其进行访问，无论是通过手机的应用程序还是平板电脑、笔记本电脑或是台式计算机上的浏览器，登录行为都会生成数据。

很多人都在试图搞清楚这些数据的用途。一名加利福尼亚州的大学生曾在 2019 年 12 月起诉 TikTok，指控该软件将她的数据转移至中国服务器。TikTok 强烈否认了这一指控，并表明美国用户的数据被储存在弗吉尼亚州的一个数据中心，且在新加坡存有备份。人们担心该软件与中国之间存在联系主要是出于政治方面的考量。

对于那些认为 TikTok 只不过是青少年用户用来消遣的应用程序的人来说，这是一个受"新冷战意识"影响的典型案例。虽然人们对 TikTok 多有担忧，但认为可以通过一款应用程序窥探一个青少年卧室的想法并不可信。很多人对TikTok是一个国家的阴谋的想法持怀疑态度，他们认为有大量证据表明TikTok只是一个被莫名的怒火针对的社交平台。

剑桥分析公司的丑闻在全球掀起轩然大波，使我们对科技巨头的态度发生了巨大变化。很多人先前认为社交媒体平台是我们享受快捷方便、万物互联生活的有效助推器，但丑闻发生后，人们开始意识到天上不会掉馅饼，每个人的生活都被商品化之后出售了。

在那之后的几年里，我们见证了类似的担忧，即科技巨头能使这个社会最脆弱的群体趋于激进化，不断地荼毒我们的孩子，并通过使我们上瘾而不断盈利。这些科技巨头甚至觉得自己有能力对抗政府。2021年，脸书曾短暂地关闭了对1 700万名澳大利亚用户的新闻服务，以抗议澳大利亚政府正在起草的，要求脸书和谷歌为其新闻内容付费的法案。

在处理用户数据或利用数据定位用户偏好的方式上，TikTok究竟与美国的科技巨头有何不同，这仍有待商榷。虽然传言声称TikTok与中国政府有直接联系，但许多年过去了，记者仍然没有找到任何相关证据。

互联网以及以互联网为基础的平台和网站向来是由西方主导，而且是以硅谷为中心的产物。自比尔·盖茨与史蒂夫·乔布斯开始就我们仅能放置一台计算机的桌面的主导权展开竞争以来，这种情况便未曾改变，并一直持续到 21 世纪初期谷歌、亚马逊、脸书和苹果公司的崛起。然而，一切都在不断变化之中。随着中国广泛的社会和经济制度变革，近几十年来，中国互联网公司也在不断崛起。

2019 年 11 月，美国外国投资委员会对 TikTok 及其中国控股人展开调查。委员会展开调查的部分原因是参议院多数党领袖、民主党人查克·舒默与两位共和党参议员汤姆·科顿和马尔科·卢比奥对 TikTok 表示担忧。

这种担忧是显而易见且又可以理解的。虽然美国政治家已经能够通过国内立法迫使美国科技公司的首席执行官参加政府听证会并改进公司的核心业务，但试图控制总部设在其管辖范围之外的全球化公司的高管则极为困难。这是科技巨头发展历史上第一次出现这样的情况，这显然使得一些对中国持有负面态度的鹰派政治家极为不满。

"我们理解为什么人们总是对在中国创办的公司有所担忧，"TikTok 欧洲区总经理里奇·沃特沃斯在 2020 年 8 月告诉我，"我们认为是地缘政治局势诱使人们提出了那些疑问，我们都明白，也觉得这样挺好的。"沃特沃斯认为这些问题使得 TikTok 有机会向公众展示其透明性和开放性，以消除用户的顾虑。曾在谷歌担任高级职位的沃特沃斯后来还跟我说，无论是否加入 TikTok 公司，他都从未因为公司的总部在中国而感到担忧。

中国一直高度重视自己的主权领土问题。一家德国出版社曾声称 TikTok 的内容审查几乎涵盖了所有政治类内容，但 TikTok 辩解称这些审查指导并不是居心叵测之举，中国政府也从未要求其删除任何内容。TikTok 公开表示："我们不受包括中国在内的任何国家政府的影响。TikTok 目前并不在中国运营，未来也完全没有计划进入中国市场。"而且这些都是"事实"。沃特沃斯说："我们试图极其明确且清楚地表明，没有任何数据被分享或转移给中国政府。"

第4章
中国与世界

在2017年中国国家网络宣传周活动期间，专家和企业各界人士均表示："现实与虚拟的界限越来越模糊，网络安全不仅关系到我们的国家安全、社会安全，更关系到每一个网民的切身利益。"

几乎所有进出中国的网络流量都需要经过北京、上海和广州这三个互联网交换中心。在那里，任何对网络公共安全存在威胁的内容都会被筛选出来。但在许多西方人看来，似乎没有必要这么做，他们认为在中国运营的服务和应用程序深知意识形态工作的重要性，也会遵守国家的相关规定。

通过这些规则，中国成功地实现了比尔·克林顿在2000年认为不可能的事，即维持一个相对温和的互联网世界。在中国，大多数人和公司会主动学习国家对互联网安全的相关规定，并尽可能地规避相关问题。西方的互联网公司想要进入中国市场，也必须适应中国的政策要求，而很多人认为这便是中国的审查制度。由于东西方的差异，中国互联网用户可以访问西方公司的网页，如领英①，却无法体验与西方完全一致的服务。雅虎于1999年成立了中国子公司；一年后，谷歌紧随其后，但随后又由于一些原因而撤出了中国市场。但近年来，谷歌考虑通过一个内部代号为"蜻蜓计划"②的项目重返中国市场。

几乎所有在中国经营的公司都必须遵守中国的政策法规规定。这让很多西方人担心，中国人拥有的TikTok在西方运营时是否也会如此。一些权威网络安全专家仔细研究了TikTok的代码，发现它的代码并不能使西方用户的数据遭到泄露。

这也让人们得以停下来思考。TikTok这样一款在中国被创造的应用程序现在成了一款现象级文化应用程序。习惯于将事物绝对化的西方世界，并不会将中国互联网公司的海外业务与本土业务区分开来，任何与中国相关的公司都必须按照中国的法律法规规定的方式经营。

然而，体制内的人采取的做法往往更为务实。他们虽看起来循规蹈矩，却能灵活多变地调整工作。我在一所西方大学教书时也曾在新闻系的中国学生身上看到了这一点。他们深知西方国家与中国的不同之处，他们了解规则，并能在两种制度框架下游刃有余。

---

① 2023年5月，领英宣布关闭中国业务。——译者注
② 该项目后因为公司内部的极大争议而终止。——译者注

当人们试图阻止一款国际化、外向型的中国应用程序立足西方时，我们可能抑制了创新。竞争刺激了数字世界的快速进步，也使与我们的生活息息相关的公司蓬勃发展。如果西方世界仅仅因为不喜欢某些产品的发源地，或担忧另一种文化会产生威胁而禁止某些参与者进入市场，那么有效的竞争就会减少，互联网就会变成一个支离破碎且不平等的平台，它的所有伟大之处都会逐渐丧失。

TikTok在一位既了解西方商人又高瞻远瞩的中国企业家的运营下，接受着市场的考验，并通过收购和资本竞争而不断壮大。对于TikTok而言，这也是一个不同寻常的转折时刻。

聚焦创作者：卢卡·加洛内

姓名：卢卡·加洛内

用户名：@lucagallone

关注：71

粉丝：960 万

获赞数：1.697 亿

特长：变戏法、近景魔术

  卢卡·加洛内是在马尔代夫的一场私人魔术表演上发现 TikTok 的魔力的。加洛内自 16 岁起，就在婚礼现场表演一些小魔术活跃气氛。2015 年，他参加了《英国达人秀》，并让四位评委眼前一亮。自此，他开始从事变戏法和近景魔术等专业化现场表演，这使他在派对和短视频软件上大受欢迎。虽然前往距离他位于英国的家 8 690 千米的马尔代夫演出并不是因为他的网络名气，但 TikTok 却使他在马尔代夫有了不一样的体验。2020 年初，加洛内在 TikTok 上拥有 670 万粉丝。

  有一次，这位 25 岁的年轻人走进一家小店，想要买些食物，但他感觉到店主一直在盯着他。他不确定店主是否怀疑他想偷东西，但来自店主过长时间的关注让他感到非常不舒服。

加洛内挑选完商品后，走到了收银台前。店主全程都保持着一种好奇的表情，并把自己的手机递给了加洛内。屏幕上正在播放加洛内在 TikTok 平台上点击量排名靠前的视频之一，视频中，他在麦当劳餐厅的一位顾客旁边表演着一个吸管魔术。这是一种令人感到惊奇的魔术手法。

加洛内说："他给我看了这段视频，并问：'这是你吗？'"

这位店主是在 TikTok 上观看这段视频的数百万人中的一个。这段视频自 2019 年 4 月被上传以来，已在各大社交媒体平台上被播放了 1.16 亿次，被转发和分享了数百万次。当加洛内作为回顾转发这段视频时，它依旧获得了 4 500 万次的观看量。加洛内说："你无法在其他应用程序上实现这种量级，这实在是太疯狂了。"

他全程见证了 TikTok 从一个对口型的音乐休闲软件到社交媒体巨头的巨变，如今各式各样的内容可以为用户提供数小时的消遣。加洛内说："在我看来这款应用程序的发展速度绝对是现象级的。"他体验到了观众数量的大幅增加。在第一次发布内容时，他会为一个视频达到 100 万次的播放量而欣喜若狂，如今他的视频播放量甚至可以达到原先的数百倍。

除了 Alt TikTok 社区（包括朋克、潮流之类的附庸风雅的匿名青少年表演奇特的滑稽短剧）、LGBTQ 社区（性少数群体）、WitchTok 社区（女巫）等，魔术社区是 TikTok 一个巨大且独立的部分。魔术技巧极为适合 TikTok：编辑视频的功能和魔术手法使得视频片段令人印象深刻，突出单个技巧的节奏掌控（场景布置、危险性和重点等）也反映了 TikTok 为创作者提供的有关如何有效刺激多巴胺的内容指导。

加洛内赞扬 TikTok 简化了人们从被动观看转变为主动创作的过程。"当你刚开始上手时，YouTube 这类应用程序可能有点令人生畏，"加洛内解释道，"你不仅需要剪辑，可能还需要一台高级的摄影机。"然而，在 TikTok 上，人们既可以找到自己需要的内置剪辑工具，还可以给视频添加滤镜，使视频具有更加专业的光效。TikTok 的博主所需准备的最昂贵的工具就是一个环形灯（配有支架的圆形打光灯），以求肤色恰到好处。一个环形灯的费用仅约 20 美元。

相对较低的进入门槛"为每个人打开了大门"，加洛内说："这一特质真的帮助了很多人，也开启了很多令人惊讶的、有潜力的网络名人和社交媒体巨星的职业生涯。"

第二部分

欢迎来到字节跳动

第 5 章
超级应用商店

说起字节跳动,估计多数人会一脸茫然,然而字节跳动旗下却有着知名的 TikTok 和其他几款世界领先的应用程序。字节跳动公司成立于 2012 年 3 月,企业估值在 2018 年日本软银集团投资时为 750 亿美元,2020 年则增长到了 1 400 亿美元。尽管其旗下的应用程序拥有来自全球的 19 亿用户,且 2020 年的营收额高达 340 亿美元,但字节跳动有意在西方公众视野中保持低调,这家企业希望大众能将焦点集中在自家的应用程序上。

制定这项战略的是行事低调但勤勉有为的企业创始人张一鸣。张一鸣与他的华人竞争对手——富有创造力但有些心浮气躁的 Musical.ly 创始人朱骏相比,显得审慎且专注。与他在中国曝光度更高的前辈,比如以精力旺盛、性格开朗著称的阿里巴巴集团前总裁马云相比,他甚至有点沉默呆板。他是一位深思熟虑的人,并且奉行着"延迟满足"的准则。虽然他一身 T 恤和牛仔裤的装扮使他比一般的中国企业高管显得更为悠闲，但他很理性。比起埃隆·马斯克滑稽古怪的无常作风，张一鸣与马克·扎克伯格略显沉闷、不苟言笑的个性更为相像。

1983年，张一鸣出生于福建省龙岩市，这个沿海省份以定居西方的海外移民比例冠绝全国。张一鸣特立独行，他没有像大多数人一样，在几家现存的中国科技巨头中谋得一份工作，即没有选择通过搭前人的便车来获取迅速而短暂的成功，而是选择打一场长期的比赛。

张一鸣就读于南开大学，他本想选择生物工程专业，但无奈因报考人数过多而被调剂到了微电子专业，后因课程并不符合个人兴趣，便转系攻读软件工程专业。他学习勤勉有加，也很享受高校中的社交活动。他会在课后请大家去烧烤，也因此认识了他的妻子以及若干挚友。张一鸣并没有像多数大学生那样在聚会与学习上花费同样多的时间，部分原因在于南开大学所在的天津并不如北京那般繁华，但据此足以看出他的性格。在大学的前两年里，张一鸣如饥似渴地读了很多书，包括史蒂夫·乔布斯的传记和杰克·韦尔奇的商业著作《赢》。看了这些商界榜样的传记之后，张一鸣在进行择业与做职业规划时更有耐心。他在2018年清华大学举办的一次对谈中说："你看到很多很伟大的人，年轻时的生活与其他人差不多，都是由点滴的事情构成的，大家都是平凡的人。"

2011年,张一鸣毕业6年后,已经接触过不少中国科技初创企业,包括热门旅游网站酷讯以及迷你博客网站饭否。他还曾入职微软,但张一鸣显然不怎么喜欢这段经历,因为微软上下都渗透着严格的企业思维和强大的监管制度。受此影响,他成立了自己的公司——地产搜索引擎九九房。

在乘坐北京地铁的通勤过程中,张一鸣萌生了开发今日头条的想法。张一鸣在大学时读过很多书,也看了很多报刊,连中缝的内容都不错过。他在清华大学的对谈中表示:"我当时觉得信息的传递是影响非常大的事情,由于信息传递的效率不同,对整个人类社会的效率、合作,包括人的认知所造成的差别是非常大的。"

随着报业走向衰落,张一鸣意识到人们可以通过其他方式获取新闻。他说:"我观察到一个现象,在地铁上读报的人越来越少了。"他研究了智能手机的销售数据,注意到2011年是智能手机出货量的高峰。他根据所见所闻做出了推断:"我想,手机很可能会取代纸媒成为信息传播的最主要载体。"

张一鸣更预感到,未来将由人工智能驱动,而人工智能时至今日仍是字节跳动旗下应用程序和服务的核心。他设想在未来,人们可以基于自身兴趣阅读新闻头条,而不是取决于谁支付了最多的广告费用,或报刊编辑认为当天哪些新闻值得一读。他试图将信息和人连接起来。张一鸣了解软件工程,却不清楚如何开发人工智能系统。但这没有关系，他可以学习。他在大学组织烧烤活动时结识的朋友可以为他提供帮助。张一鸣聘请了一名企业家接管九九房的日常运营，将自己的时间投入开发其他应用程序中。

那时，一直勤奋好学、时刻关注行业发展的张一鸣已经注意到市场上出现了巨大的机会，至少他在事后回顾时是这么讲述的。2007 年第一代苹果手机发布，张一鸣很快将它买到手，他对能在口袋里装一台超级计算机感到惊讶不已。早在推出字节跳动之前，他还在九九房等公司任职时，就已注意到移动互联网正在逐渐兴起。2011 年底，他当机立断，决定创办一家新企业。"这与读人物传记也有关系，"他说，"人们看大的东西特别容易无感，其实大多时候对大的转折也无感，一般都是事后才有感觉。2011 年，我确实感觉科技的进步会让一个新领域出现，我也预感到会出现重大而深远的创新和变化，这个变化甚至从未停止。"

他预见了一场全球剧变，并希望确保他的公司处于这场剧变的中心。从一开始，字节跳动就打算像谷歌一样不设边际。

字节跳动发布了一款名叫"内涵段子"的应用。内涵段子的意思大致相当于"含有暗示或影射意味的笑话"。人们可以在这款简单的应用程序上分享各种"梗"。将收有大量搞笑图片和动图的图片分享网站 imgur 与用于分享这些图片的 Reddit（社交新闻站点）叠加，便成就了内涵段子。

内涵段子大受欢迎，用户数量迅速增长，最高时达到了两亿。这些人并不只是一般用户那么简单，他们奉行互联网古怪角落的传统，是一群最忠实的内容发布者。他们发布并购买周边产品，宣扬自己与这款应用程序的联系。他们在停车场举办线下聚会，还拍照展示自己的古怪行为。他们有一首略具颠覆性的合唱歌曲《在人间》，用于辨识其他"段友"。他们有时甚至会在等红灯时用喇叭打暗号，以确认附近是否有其他同样性情古怪、喜欢幽默的人。后来由于喇叭声变得过于吵闹，而导致一些城市颁布了不得鸣笛的禁令。

字节跳动还开发了新闻应用程序——今日头条，用户每一次打开应用程序时都会收到为其量身定制的新闻报道。今日头条的数据需求巨大，而确定用户的喜好并在大量信息和新闻故事中筛选出提供给用户的内容，就需要海量资源。2017年，北京的今日头条总部大楼中有数百名工程师参与工作。公司的圆形玻璃主会议室位于正中间，工程师围坐在四周的开放式办公桌上，做着代码编程和修补的工作。公司激励全体员工开发比其他公司的产品增长速度更快的应用程序。一名此前任职于百度公司的工程师说，字节跳动和百度的企业文化简直就像白天和黑夜一样截然相反。作为一家新锐企业，字节跳动和旗下的今日头条不断发展壮大。员工将自家公司比作早期没有秩序的脸书，并相信字节跳动终将成为一家像马克·扎克伯格的公司那样庞大且受人尊敬的企业，在人们的生活中扮演与如今的脸书同样重要的角色。

2018年，字节跳动副总裁杨震原表示，今日头条消耗的数据存储量超过了1 500拍字节（合15亿千兆字节）。每天处理的数据量达50拍字节，相当于1 100万部时长两小时的奈飞高清电影。不过，并非所有的内容都由今日头条原创。早期，这款应用程序不经新闻门户网站许可就擅自将内容收为己用，因此备受批评。甚至有指控称，今日头条会将其他网站原创新闻中的广告进行替换，通过出售广告位从中抽成。字节跳动的这一策略没有为自己赢得多少朋友，却把用户拉到了今日头条。2012年8月，在推出后仅3个月，今日头条的用户数就达到了1 000万。

用户数量逐步增长，他们在应用程序上花费的时间也不断增加，平均每天超过了一个小时。由于张一鸣认识到人工智能的力量可以让一款应用程序变得更有黏性、更具吸引力，从而让人着迷，因此用户在应用中的每一次互动都会被追踪，用于改善下一次的使用体验。不断改进的良性循环就此实现：字节跳动会分析用户滑动浏览内容的方式、点击的位置、如何滚动或停止查看文章等信息，以及一天中的使用时间与用户所在位置之间的关联，继而使今日头条更具吸引力。

张一鸣在对谈中说："毕业之后，我无论是做组织分发信息的搜索引擎还是做以人为节点组织信息流动的社交网站，或是做以兴趣为颗粒度来组织分发信息的推荐引擎,其实基本上都是围绕信息分发。"因此,字节跳动作为一家企业,发展的核心是信息的制造、推荐和分发。张一鸣将这一想法牢记在心,在公司内设立了效率工程部,以期让公司内部的沟通更为顺畅。

张一鸣知道,未来的发展方向在于,能够在智能手机上使用的由人工智能驱动的应用程序。而他有资金支持用于这些应用程序的开发。在今日头条取得成功后,字节跳动的投资者蜂拥而至。对于一家成立于一间四居室公寓的企业来说,如此迅猛的增长速度着实令人惊叹。最初,临时会议是在面积不超过10平方米的卧室内举行,字节跳动最早的员工就挤在家具周围参与讨论。而在今日头条推出后不满一年,张一鸣就告诉大家,他认为人工智能驱动的模式可以走向全球。他向管理团队传达的信息十分明确:字节跳动将尝试商业化和国际化。在2013年1月向企业高管提交的一组材料中,幻灯片第24页提出了未来的四项发展计划,其中第四项便是打造英文版今日头条来吸引以英语为母语的国家的用户。在当时,为吸引手机用户而进行的竞争日益激烈,各款应用程序为争取视频用户已经展开了角逐。

第 6 章

网络流行文化的重要性：Vine 何以成功

我的朋友弗雷泽使我迷上了 YouTube，我也因此成为一名记者，专职报道 YouTube 成长为世界访问量第二大网站旅程中的一点一滴。在青少年时期，我们经常坐在家里的电视机前，收看由 YouTube 算法推荐的一切内容，一看就是几个小时。也正是弗雷泽让我接触到了 Vine。

2013 年 1 月，在张一鸣创办字节跳动后不到一年的时间里，后来成为 TikTok 灵感来源的视频分享平台 Vine 出现了。Vine 上的视频时长不能超过 6.4 秒。它造就了许多在线视频的头部明星，虽然它作为应用程序仅仅活跃了几年，但其影响力却相当持久。没有 Vine，就不会有肖恩·门德斯、杰克·保罗、乐乐·庞斯这些明星，而现在几乎所有的年轻人都听说过他们。但它超前于时代，最终被人们当作谋求更高追求的跳板，而不是网络名人将名气转化为长期职业的最终目标。从这个意义上说，Vine 是不幸的，在它流行时，社交媒体还没有发展为成熟的娱乐平台。传统媒体对这些带有"网络名人"或"社交媒体明星"标签的小屏幕上的明星不屑一顾。YouTube博主主持电视节目、热卖巡回演出门票以及霸占热歌榜单都是后来的事情。Vine依赖的媒介也对它不利，受限于过短的视频时长，Vine的视频明星只有少数几种选择，他们需要以极快的速度表演喜剧小品，或者通过搞笑的舞蹈来取悦观众。但他们无法在平台上与受众沟通并与社区成员互动，这些新媒体名人无法与受众建立起一种朋友般的纽带，也没有将自己与不近人间烟火的好莱坞电影明星区分开来。

Vine也曾是无所拘束的创造力源泉，那里热闹非凡。打开Vine，就像来到了不受控制的"疯人院"，随处可见装模作样的鬼脸、怪里怪气的丑态和几乎超出人类接受极限的疯癫行为，有时这些行为也会悄然越界，使人大为光火。这里的人善于创造，并且富有创意，他们十分疯狂。一些小视频迅速走红并引起轰动，在用户群体中快速传播开来。

下面这则故事就是一例。格雷戈尔·雷诺兹是一名11岁的男孩，热衷于追随滑板博主泰·莫斯的一举一动，会观看偶像在YouTube上发布的每一个视频。Vine在全球应用商店发布的当天，莫斯在YouTube上发布了自己对Vine的评价。格雷戈尔立刻用手机下载了这款应用程序，并开始操作起来。

格雷戈尔的父亲斯图尔特·雷诺兹当时正处于事业低谷期，

他的网络开发业务遭到黑客攻击。黑客事件两个月后，他没能续签一份大型合同，又因为坏了口碑而失去了日常业务，他不得不关闭公司。回首这段往事，斯图尔特仍然充满遗憾："这简直是一场灾难性的商业崩溃。"他消沉了好些年，透露说自己一直在试图避免患上抑郁症和警务人员的到来。他的妻子在学校担任秘书一职，薪水不足以负担全家的开支。当格雷戈尔向他介绍 Vine 这款应用程序时，斯图尔特最初并没有想过可以借此走上发家致富之路。他只是想找到每天笑一笑的理由。之前很长一段时间，他都是到临睡前才意识到自己甚至一整天都没有笑过。

有一天，等到妻子出门上班，两个儿子也离家上学后，斯图尔特不想只是看别人发布的 Vine 视频了，他认为自己也应该拍一段试一试。他觉得自己太老了，并不适合抛头露面，于是用一个他从 10 岁起就一直保留着的 12 英寸的《星球大战》楚巴卡模型塑胶玩具作为主角，开始在 Vine 上发布些傻里傻气的短片。周末去酒吧借酒消愁时，他还会收到朋友对这些视频的称赞。

到 2013 年 8 月时，斯图尔特已经以用户名"Brittlestar"（意为：海蛇尾）收获了一众粉丝。而让他在社交媒体上一炮走红的，是他所制作的一段名为"放上你的手指来"的视频。这名戴着眼镜、留着刺猬头的父亲站在一堵红色砖墙前，邀请观众将手指放在屏幕上，上下滑动。一秒钟的停顿后，视频切换为一组电灯闪烁的镜头。

斯图尔特大约是上午9点20分在Vine上发布的视频，那时他的两个孩子刚开始自己一天的课程。而等到他们中午排队打午餐的时候，这段视频已经收获了超过10万个赞。斯图尔特在Vine上的粉丝数量从大约3 500人迅速增长到超过10万人。他发现了成功密码，并得到了不少好处。第二天，他又发布了一段差不多构思的视频。这一次，用户将手指放在屏幕上上下滑动就可以使玻璃杯里的橙汁从杯口洒出来。这段视频同样大获成功。

斯图尔特连续一周使用了相同的手法制作视频，然后他意识到自己必须尝试一些新点子。他设计了另一个名叫"夏天还没有结束"的创意，在狂风暴雪的冬天将一片孤零零的叶子钉在树上，要求这棵树不要向季节变化低头。视频反响热烈，甚至引起了迪士尼公司的注意。迪士尼公司通过推特给他发了私信，询问他是否有兴趣合作。

不久之后，斯图尔特全家就坐上了前往加利福尼亚州的飞机，机票由迪士尼公司买单。他在Vine上共为迪士尼公司做了5段广告，并自此改变了自己的生活。他说："我们本来深陷一场灾难性的业务崩盘，在财务上遭遇危机，甚至不知道怎样才能偿还贷款；而现在，迪士尼公司为这几段6秒钟的视频支付给我们5 000美金，还承担了我们出游的一切费用，我们的生活因此发生了巨大的改变。"他和其他几名Vine博主应奥巴马之邀前往白宫，作为代表团的一员欢迎加拿大总理贾斯廷·特鲁多的首次正式访美。

斯图尔特喜欢 Vine 是因为这款应用程序与他多年来一直热衷的另一种形式类似，即报纸上的漫画版块。浏览 Vine 就像看漫画一样，你知道可以从中获得些什么。一页漫画通常只有 3~4 格，却有一定的结构，最终导向一个笑话。就算不喜欢，你也没有在上面耗费太多时间。在 21 世纪前 10 年的初期和中期，这个由 YouTube 主导的世界很不寻常。"过去从来没有人做过短视频内容，但很多人学会了怎么在 6.4 秒内制作出有趣的内容，"斯图尔特说，"坐下来看两个小时 Vine，你真的可以欣赏到数百人制作的视频。"

Vine 引起了轰动。于是一些成功的创作者希望借此收获更多，而这一点让 Vine 忧心不已。

第 7 章
我们需要赚钱：Vine 的陨落

2015 年，Vine 在推出两年后陷入了困境，而且企业所有者不清楚应该采取怎样的行动来应对。推特本想收购增长迅速的图片分享网站照片墙，失败后转而收购了 Vine。推特在纽约的办公室单独划出了一层，用于让 Vine 独立运作。

照片墙在易手脸书后上线了视频板块，并日益蚕食 Vine 的用户群体。Vine 的日活跃用户数急剧减少。问题在于，Vine 不仅与其创作者保持了一定的距离，而且彻底忽视了他们，然而正是他们让 Vine 如此成功。Vine 的所有者是一些从事编程工作的技术人员，他们并不打算与应用孵化出的优秀创作者建立密切联系。据 Vine 的创作者发展部部长卡琳·斯宾塞说，在 Vine 谈论或计划让创作者从中获利是一件十分犯忌的事情。

但这种情况不能再持续下去了。入职 Vine 三周后，斯宾塞被召入一间办公室，得知公司处境十分危急。不仅是用户数量在减少，而且 Vine 上的许多顶流博主在意识到不能依靠平台获利后，便开始敷衍了事。他们仍然会上传视频，内容却是要将粉丝哄骗到其他能通过广告赚钱的平台上。斯宾塞受命制定一项全球人才战略，以消除创作者的怨言并保持他们的参与度。这是一项艰巨的任务，因为 Vine 的员工未曾试图与公司需要拉拢并挽留的创作者有过交流。"我意识到，尽管 Vine 上的顶流创作者已经成为数字媒体产业中极具价值的一部分，也有了代理商，并且一直在依靠品牌代言赚钱，但当他们在 Vine 上遇到问题时，根本无法与 Vine 团队取得交流。"说到这里，斯宾塞笑出了声。虽然那些知名的 Vine 创作者的名字和面孔吸引了一批又一批用户加入这款应用程序，但是当他们在使用过程中遇到问题时，唯一能做的就是向 Vine 的通用电子邮箱发送邮件。

不满和愤怒由此而生，斯宾塞不得不迅速应对。她制订了一项计划，试图建立与三个层次的创作者的联系：新兴创作者短期内难以走红，需要扶持才能取得成功；中级创作者有赖支持和帮助才能真正做大；顶流创作者需要量身定制的协助。作为这项战略采取的首批行动，她在加利福尼亚州威尼斯城为 Vine 的顶流创作者、以用户名"巴赫王"著称的加拿大喜剧演员安德鲁·巴切勒举办了一场盛会。这次活动是为了庆祝巴切勒过去一年里，在各个行业协会中获得的一系列奖项。斯宾塞这样做的理由是："让 Vine 之外的所有人都知道'巴赫王'是 Vine 的顶流明星。"

新的管理方法实施后，情况慢慢发生了改变。创作者会得到印有Vine标志的周边产品，从而增强自己的参与感；Vine还会为他们分配一名合作经理作为联系人，以提供其所需的任何帮助。

这项战略对新兴创作者和中级创作者所起到的作用还不错，但顶流创作者认为自己有权得到更多。他们共同住在洛杉矶的豪华公寓楼1600 Vine Street中，随着新媒体名人在社交媒体上的广泛宣传，这栋大楼逐渐走红，有点类似2015年的"动物之家"。每个人的不满情绪都因平台上的其他人而变得更加强烈。他们开始公开敌视Vine，因为他们相信如果没有自己，Vine不会取得如此成就。他们对所遭遇的忽视感到愤怒不已，希望能够得到自己应得的报酬。

18名顶流创作者要求与斯宾塞会面，以签署一项保密协议。"我和他们在会议室里至少待了一个小时，所做的唯一的事情就是听他们大声抱怨，说他们是多么愤怒，因为他们是这个平台重要的组成部分，但平台从未认识到这一点。"斯宾塞说。他们制订了一项行动计划，并认为如果大家在同一时间集体离开Vine，这款成功的应用程序就会彻底崩盘。他们信心十足，认为自己对这款应用程序的广大用户群体有着足够的影响力。

他们随后提出了自己的要求：Vine支付120万美元，换取他们今后一年内每周发布3段视频。斯宾塞离开会议室时一方面深受打击，另一方面则感到欢欣鼓舞。她以为他们18个人总共只想要120万美元，以此价格换取一年52周每周3段视频的要求，还算合理。她想，这既可以保证顶流创作者一年的内容产出，又为Vine争取到了时间来培养那些尚未与平台沟通渠道断开的中级创作者，所以即使在12个月后顶流创作者选择退出（她认为他们会离开），也可以找到人来替代他们。斯宾塞看到了解决问题的可行出路，并得到了Vine管理层的支持。

之后又发生了两件事。Vine管理层在向推特执行董事会报告这次会议的结果和计划时遭到了反对，推特公司对任何为内容支付费用的行为都持谨慎态度，担心旗下正在亏损的社交平台推特也会出现类似Vine这样的金钱需求（斯宾塞持不同看法，她认为人们使用推特的目的与此不同）。与此同时，18名顶流创作者的代表以文件的形式递交了自己的提议。他们要求的不是合计120万美元的费用，而是每人120万美元的费用，而推特并不想支付这笔钱。Vine本就亏损，且一直依靠母公司提供的资金运营。"与创作者的对话十分艰难。"斯宾塞说。这些社交媒体明星没能得到他们想要的回报。

恍然大悟（或尚未顿悟）的顶流创作者开始向其他创作者传话，试图让更多的人反对Vine，但结果适得其反。Vine社群中的其他创作者不明白他们为什么要这么多钱，毕竟大多数得到了品牌代言合同的Vine创作者都因自己得到的少许回报而心存感激。他们喜欢这个平台是因为它富有创造力，而非可以从中得到多少利益，他们认为那些讨厌的年轻人不过是在社交媒体上交了好运，没理由因此得到数倍于平均工资的收入。

最后，顶流创作者离开了，而且他们本就有一只脚迈出了门槛。Vine 的关闭在很大程度上是因为领导不力，而非失去了那些顶流创作者。但平台因为未能给予这些吸引了大量观众的明星足够的回报而失去他们，这给张一鸣这位力图避免与前人犯下同样错误的精明的社交媒体企业家带来了很大的警示。实际上，我们可以从 Vine 的经历中学到两件事：第一，不要冷落那些表现得很好的创作者（他们需要赚些钱）；第二，不要让他们变得过于强大。

在介绍 TikTok 之前，我们还需要讲述另外两款应用程序的故事，这两款应用程序后来被并入字节跳动大家族，它们各自的关键功能共同造就了这款世界知名的智能短视频应用程序。

第 8 章
声名鹊起：收购 Flipagram

　　字节跳动的故事离不开独创精神与对资源的精准调度，也离不开并购众多应用程序。不论这些应用程序业务涉及网络流行事物、新闻头条还是简单有趣的视频，也不论它们的业务范围仅是在中国还是涉及世界其他地区。在讲述 TikTok 崛起的故事时，人们常常忽略了收购行为对企业的促进作用。截至 2021 年，字节跳动已经完成了至少 17 次独立收购。这其中有些是对人工智能公司的收购，例如，字节跳动在 2019 年将总部位于英国伦敦的人工智能音乐创业公司 Jukedeck 纳入麾下。企业内部的团队工作与数次的外部收购使 TikTok 背靠的字节跳动公司得以扩充自身的技术，进而在全球范围内迅速发展。

　　约翰·博尔顿促成了其中一次股权收购。当时他正处于信心尽失的低谷期。我们在 2020 年某个夏日的清晨通过电话进行交流时，他亲口承认了这一点。那时他正享受着天伦之乐，谈话过程中他的一个孩子不时缠着他去玩，电话背景音中传来汽车呼啸而过的声音。

2017年时博尔顿正处于职业困惑期。2014年4月，他成为第五位加入Flipagram（一款相机社交软件）的员工，搬进了公司位于洛杉矶的装修得时尚雅致的办公室，并见证了这款供用户录制短视频、翻唱榜单热歌的应用程序的蓬勃发展过程。在不到3年的时间里，Flipagram的下载量就达到了惊人的3亿次，并在2014年的几周时间里迅速走红。它一度是全球180个国家下载量最大的应用程序。

Flipagram获得了7 000万美元的投资，跻身21世纪10年代末轰动世界的社交媒体之列。不少有意收购的企业前来洽谈，其中有一位准备充分的企业家，成功吸引了公司创始人的注意。尚不知情的公司员工谈论着被谷歌、脸书或苹果"人才收购"的前景，并为此感到兴奋不已。

可以想见，博尔顿和其同事在得知Flipagram新东家的名字时会是多么困惑。字节跳动？这个名字听起来十分陌生。他试图通过谷歌搜索新东家的更多信息，但并没有什么收获。"我当时非常失望。"博尔顿毫不掩饰地承认了这一点。他之前从没听说过这家企业，再说了，有哪家中国科技企业曾在国际市场上取得过成功呢？

对于张一鸣来说，收购Flipagram这笔生意过于诱人。这家公司开发了十分强大的内容创建工具，能够轻松访问热歌榜单，并可以给视频片段加各种滤镜和贴纸，而这些都是用户想要的。但 Flipagram 缺乏自我推广的能力。人们会在 Flipagram 中制作视频，却不会将之发布给应用程序内的其他用户，而是将剪辑好的视频保存下来，再打开另一款社交应用程序进行发布。后来，Flipagram 很快就流行开来，因为用户从中导出的每一段视频都带有 Flipagram 的水印，这促使更多人下载这款应用程序，这一做法后来被 TikTok 借用，以提高公众辨识度。

那时，字节跳动已经有了自己强大的推荐系统，在今日头条新闻平台上磨砺了一番，还在公司的其他应用程序中进行了模型微调。不论什么类型的内容，这个系统从一开始就知道人们想要的是什么。双方都拥有对方缺少的东西，这看上去就像是天作之合。问题变得再简单不过了。"张一鸣说：'我们拥有全套的技术，你们拥有全套的内容，组合在一起会怎样呢？'"博尔顿回忆道。他在过去的 3 年里一直在筹划自己的初创企业，即由人工智能驱动的音频平台 Super Hi-Fi。

答案是成功。字节跳动收购了 Flipagram，博尔顿则花了更多的时间待在北京为字节跳动工作。北京的职场文化与洛杉矶截然相反：博尔顿每天早上 8 点到达办公室时，经常会发现有人趴在办公桌上睡觉。但企业员工共享着面向全球的视野和源自老板本人的美式文化。博尔顿说："张一鸣体贴有礼、尊重他人。他书卷气十足,有着远大的抱负,留着短发,言行举止彬彬有礼。"博尔顿对音乐行业了如指掌,曾代表 Flipagram 谈成了不少唱片协议,加入字节跳动后同样如此。他表示:"我拥有他们不具备的信息、知识和经验,而他们希望可以取长补短。"

第 9 章
强强联合：携手 Musical.ly

造就了今日 TikTok 的第二款应用程序就是我们前面提到过的 Musical.ly。张一鸣在乘坐地铁时注意到智能手机已经开始取代报纸成为新的阅读趋势，于是推出了今日头条，最终取得了字节跳动的第一次真正意义上的成功；与此类似，朱骏在加利福尼亚州的山景城乘坐火车时萌生了创立 Musical.ly 的想法。朱骏在火车上看到青少年为自拍和拍视频故意做出的搞怪模样。他曾先后在多家业务型科技公司任职。2013 年，他与朋友阳陆育合作成立了一家初创企业"蝉教育"，它旨在帮助人们（主要是青少年）通过观看由专家制作的不到 5 分钟的短视频来学习新的想法或主题。两人成功说服华岩资本为企业提供了 25 万美元的资金。他们将 92% 的资金用在了开发平台、联系各领域专家和制作视频上。朱骏说，他在应用程序发布的当天就知道它会失败。对于专家而言，将多年积累的知识凝练成短视频是一件十分困难的事情。而且视频本身也不够吸引人，但如果只是业余内容的大杂烩，就无法体现应用程序所提供的专业知识的价值。"这注定要失败。"朱骏说。

项目进行了 6 个月后，两人从投资者那里获得的资金只剩两万美元。他们决定放弃创办视频教育平台的想法，去做一些朱骏认为青少年用户想要的东西，他从在加利福尼亚州火车上打发时间的青少年那里得到了灵感。他给"蝉教育"小团队安排了一项新任务：开发一款让熟悉技术的青少年无法拒绝的应用程序，就是"蝉教育"一直在尝试，但从未取得成功的那类短视频。朱骏明白，制作有趣视频的门槛比之前"蝉教育"聘请专家在各自的设备上操作低得多。"如果你想建立一个基于内容的社区，那么内容和创作必须非常简单方便，"他说，"必须是可以在几秒钟内完成的事情，而不能花上几分钟或几小时。"他还知道，青少年喜欢跟着自己喜爱的歌曲对口型，并且加上炫目的贴纸和夸张的效果。他们只用了不到一个月的时间便开发出了 Musical.ly。

2014 年 7 月，Musical.ly 在应用商店上架后，单日的下载量约为 500 次。最重要的是，用户一旦打开并使用过一次该应用程序，就会不断重复点开，而在当时很少有应用程序能够做到这一点。Musical.ly 的创始人很幸运，他们偶然发现了一种正在成长的亚文化。除了 Triller（一个音乐视频及电影制作工具）和 Dubsmash（视频社交媒体软件）等类似应用程序，综艺节目《对口型大作战》也在美国受到狂热的追捧。《对口型大作战》每个星期四晚间播出，人们只需在应用商店搜索栏中输入"对口型"三个字，Musical.ly就会出现，这使其周下载量迅速增加。朱骏及其团队还研究了应用商店系统，发现应用名称会优先于关键词出现在搜索结果中，不仅如此，应用商店还允许应用程序拥有一个很长的名字。因此，朱骏及其团队在产品名称中加入了人们可能用来搜索这款应用程序的所有关键字，以此从流量中受益。该应用程序循环使用了诸如"Musical.ly：为照片墙和脸书的Messenger制作具有各类效果的精彩音乐视频"之类的名称。下载量不断增加。

2016年中，我花了数周时间通过电子邮件联络，又经历了一次爽约，才终于得以在Skype上与朱骏进行了一次交谈，他给出的理由切合实际且合乎情理。Musical.ly的走红带来了巨大的访问量，而且公司即将推出能让大牌"歌手"通过直播赚钱的应用程序Live.ly，这让日益老旧的服务器不堪重负。2016年，在推出Live.ly的几个月后，Musical.ly表示其排名前10的主播在两周内平均得到的粉丝打赏为4.6万美元。

曾经的竞争对手、后来被收购的Flipagram发现，Musical.ly比自己深谙此道，为此深感危机。"我们意识到，它们已经将我们的模式发展得更具吸引力和娱乐性。"约翰·博尔顿说，"它们打造了一种'参与循环'或'成名循环'的方式，用户使用

Musical.ly 不一定是要与朋友分享精彩时刻，而有可能是单纯地为了走红。而且这些人确实走红了，而我们的应用程序不具备那样的生态。"

朱骏是一个无忧无虑的人，但他很清楚自己与 Musical.ly 取得了怎样的商业成功。他调查了早期用户对应用程序的看法，并采纳了他们的建议。作为 Musical.ly 早期发展的重要组成部分，这一"参与式设计"吸收了数百名微信用户，开发团队每天都与这些用户探讨 Musical.ly，分享生活，而且十分重视用户的体验感。这些用户通常是青少年。朱骏告诉我，他们是 Musical.ly 用户群的核心组成部分。他们也会与学校的同学交谈，带动他们下载这款应用程序。

比起朱骏，张一鸣更加专注，可以说两个人在这一点上截然不同。当朱骏在位于上海的办公室里和我谈论着 Musical.ly 的巨大成功、不堪重负的服务器和他未来的梦想时，在 1 200 千米外的北京，张一鸣正在参与一项为期 200 天的开发自有视频应用程序的项目。

第 10 章
抖音诞生

字节跳动一路高歌猛进，中国人已经逐渐习惯于浏览今日头条。自 2016 年起，字节跳动决定尝试能否将自己通过用户查看新闻而积累的强大的算法能力移植到短视频应用程序中。

在日本举行的一次管理层务虚会上，张一鸣认为时机已经到来，做出这项决定并不困难。2016 年，短视频已经无处不在，不仅在中国，在全世界范围内同样如此。Vine 如日中天，中国也有一小批流行的短视频应用程序，其中最成功的是快手公司旗下的应用程序 Kwai（快手国际版）。

张一鸣委任张楠负责新应用程序的开发。张楠知道这款新应用程序必须与众不同，为此，字节跳动花了几个月的时间仔细思考如何在竞争中脱颖而出。字节跳动思考的核心来自《孙子兵法》中的一句名言："知彼知己，百战不殆。"开发团队确实身经"百战"：他们在手机上下载了世界各地 100 多款不同的短视频应用程序进行体验，其中就包括朱骏的 Musical.ly，这款应用程序当时已在美国发布，但直到 2017 年 5 月才在中国上架。

开发人员并没有发现让他们眼前一亮的东西，他们认为自己可以做得更好。

负责短视频市场调研的小团队开始列出市面上现存的这些应用程序中有哪些让他们感到不满意的地方，哪怕其中有些应用程序已经坐拥数百万用户。最终，他们努力将值得改进的关键领域减少到了 4 个。

在大多数应用程序中，视频的呈现方式让开发人员不满意。视频要么被挪到屏幕上的小角落里，要么被屏幕上的大量无关信息所掩盖。有些视频被设置为横屏显示，但局限于智能手机屏幕的大小，如果手机不横置，视频窗口就会很小。还有些视频以正方形的窗口呈现，这相较前一种情况要好一些，但还是没能充分地利用宝贵的屏幕空间。他们还注意到，有些应用程序似乎过度缩减了服务器成本，导致视频变得模糊不清（高清视频会使用大量数据，而这些数据需要存储空间）。开发人员尝试了几种不同配置，得出的结论是，必须开发出能够制作全屏、高清视频的应用程序，而这一想法恰好与朱骏和 Musical.ly 两年前的想法不谋而合。

张楠还希望新应用程序能够与其他在线视频软件有所区别，为此他们深耕音乐领域，应用程序推出时甚至选择了"专注新生代音乐短视频社区"这一烦琐的口号。字节跳动认为,人们与智能手机的互动方式决定了音乐才是关键。起初,耳朵里塞着两个白色耳机走在街上会被人们视作不寻常的景象,但到2015年前后这一现象却已经变得司空见惯了。对字节跳动旗下其他应用程序的用户进行的调查显示,音乐是他们生活中的重要组成部分,也是他们想在短视频应用程序中拥有的东西。

对沉迷于图像的中国年轻人来说,生活中另一个重要组成部分是借助滤镜剔除、修饰和抚平瑕疵的能力。滤镜在中国特别受欢迎,修饰面部瑕疵和改善身体比例的做法广为人们所接受。字节跳动的研究人员确信,如果中国的年轻人在短视频应用程序中呈现出跟现实中一样不完美、真实的形象,而非在其他应用程序中所造就的理想化自我,他们就不会对短视频应用程序产生太大兴趣。开发团队的成员也清楚,今日头条的超级算法可以使这款新应用程序在竞争中脱颖而出。

其他应用程序的用户在使用时叫苦连天,那些应用程序似乎没能让他们沉浸在视频创作中。字节跳动则希望能让拍摄视频变得尽可能容易,它们认为任何额外的步骤都会让人望而却步。因此,这款新应用程序的设计几乎没有留下任何漏洞,甚至想出了让视频走红的最佳方法——创造出话题挑战的概念,这些设计一直流行至今。

字节跳动还需要给这款新应用程序命名,因此在整个公司内部征求意见。团队考虑了数百种选择，最初的选择是 A.me，虽然这个名字在英语中的效果不错，可以被视作 awesome（"酷毙了"的缩写），但在汉语中却没有任何意义。几个月后，"抖音"这个名字最终胜出，它结合了动词"抖动"和名词"声音"两个词，整体含义近似"颤音"。

抖音的音符标志由一名热爱摇滚音乐的 24 岁设计师创作，其灵感源于演唱会后耳朵里回响的令人眩晕的"嗡嗡"声，以及为演唱会画下句号时的华丽灯光秀带来的残影感。他绘制了一个音符标志，然后使用动图生成器添加了电磁效果。动图共生成了 40 帧独立的图像，设计师挑选了看起来最整洁的一帧，音符呈现出朦胧的蓝色（在 TikTok 内部的图形样式书中被称为"Splash"）和粉红色（被称为"Razzmatazz"）阴影效果。

抖音就此诞生。

2016 年 9 月，抖音在经过数月的开发准备后正式推出。一开始，抖音的发展经历了一番曲折，没有掀起太大的波澜。但字节跳动的员工一直做着修补工作。字节跳动在公司内部成立了一间人工智能实验室用于开发增强现实的贴纸和滤镜，以吸引用户不断打开这款新应用程序。团队与一名直言不讳的用户建立了密切的联系。这位用户的网名为"薛先生"，是加拿大某大学的在校学生，他使用虚拟专用网络（VPN）访问仅限中国区使用的该款应用程序。起初，他对抖音中语音和视频间的略微延迟感到不满。到 2017 年中，情况开始好转。抖音与早期用户合作发起的一些话题挑战开始进入主流，其中包括由平台的两名热心用户发起的"洗澡歌"挑战。"创造这种与用户接触的机会非常重要。"张楠说。在早期，字节跳动甚至会邀请抖音的热心用户到公司办公室聊天并一起制作视频，这种以创作者为中心的方法很快就让 TikTok 走进了西方市场。

第 11 章
TikTok 启动

字节跳动很快便打算推出一款更适合国际市场的海外版短视频应用程序。2017 年 5 月,字节跳动在谷歌应用商店(全球大多数安卓手机用户都使用谷歌应用商店来下载应用程序)推出了 TikTok 的早期版本,并首先瞄准了亚洲业务的开拓。TikTok 在东京涩谷开设了一处共享办公空间。慢慢地,TikTok 通过适应当地文化找到了立足点。许多视频被从抖音转移到了 TikTok 中,并添加了日本用户拍摄的视频。与此同时,TikTok 的业务还扩展到了泰国、印度尼西亚和越南等地。

除了从抖音借用内容,TikTok 还非常依赖抖音的算法。正如一支分析 TikTok 和抖音差异的学术团队所说:"TikTok 和抖音是一出生就分离开的孪生平台,二者由同一团队开发,但部署在截然不同的环境中。"打开手机应用商店就可以看到二者的相似之处。在搜索栏中输入"TikTok"一词,就会看到(现在仍然可以看到）这个对许多用户而言已经成为图腾的标志。一个时尚的八分音符好像在一系列滤镜的作用下从右到左地抖动，在两侧留下了蓝色和粉红色的轻微回声。在过去几年间，TikTok 的标志已成为有趣和名气的代名词。

你如果乘飞机前往中国，在同一个应用商店的搜索栏中输入"抖音"一词，就可以看到这款应用程序的图标也是黑色圆角方形背景和电音标志，二者看起来没有什么不同。

这是字节跳动有意为之。它们在外观上完全一样，属于同一家公司。打开无穷无尽的视频流，你会在屏幕右侧、用户个人头像下方看到一串图标，分别对应着给视频点赞、评论和分享的功能。这款应用程序设计得有些让人无所适从，目的是通过丰富的生态来吸引用户的注意力，以展现其富有创意、自由且充满活力的一面。

在看似纷繁复杂的表象背后，其实隐藏着简单的道理。TikTok 和抖音的设计目的是让用户尽可能轻松地喜欢、参与并分享内容（通常是在应用程序外部进行分享），这是这款应用程序赖以发展的重要手段。精明的早期用户会选出最好的片段，借助应用程序内置的分享功能转发到脸书、推特等受众数量多于 TikTok 本身浏览量的平台上。字节跳动认为，受众在推特上看到足够数量带有 TikTok 水印的视频后，即使是守旧的人也可能会放弃抵抗，最终尝试使用 TikTok。伦敦经济学院研究员佐伊·格拉特曾邀请我出席伦敦 VidCon 的 TikTok 会议分场，她表示："这些平台允许用户将内容轻松地分享到其他平台上以接触和吸引新的受众，并采取了用户下载视频内容时添加水印的营销策略。"

TikTok 和抖音并非只是尽可能地简化参与和分享功能。这两款应用程序最大的创新之处在于简化了制作视频这一通常被认为极其复杂的过程。要成为一名重要的 YouTube 博主需要应对重重挑战，尤其是因为制作视频需要付出大量的努力。而对于 TikTok 和抖音来说，情况并非如此。在本书后面的一些个人故事中，我们会看到创作者如何受益于轻松便捷的视频制作过程。

但必须指出的是，就像同胞姊妹一样，TikTok 和抖音一经问世就在关键方面分道扬镳。TikTok 和抖音对直播的重视程度大相径庭。在中国，直播社区已建立；而在 TikTok 所处的西方世界，直播仍被视作附加内容，而非数字创作者生活的中心。抖音自推出的那一刻起就不断用直播内容轰炸用户；而 TikTok 只是在新冠肺炎疫情防控期间举办了一些让人们居家娱乐的直播音乐会。

在直播中发生的事情也有所不同：在中国，观众会高兴地向抖音中最喜欢的创作者打赏，以示感谢；而在西方，TikTok 上虽然有打赏选项，但远没有那么显眼，也不怎么被人使用。一名在这款应用程序中工作了几个月、有不少粉丝的 TikTok 博主在深入探索应用界面后，才发现一直有观众给自己打赏，然而这些钱还不够买一次快餐。

这两款应用在"发现"页面，即平台上的热门话题标签和内容列表方面的差异更为明显。在 TikTok 里是标准、单页的可供选择的热门内容。而在抖音里，旁边还有一个名为"抖音公益"的子页面。

"抖音公益"页面同样展示了热门视频，但内容有所不同，主要为弘扬社会主义核心价值观的内容。在"抖音公益"页面设立前，字节跳动旗下分享流行梗的应用程序"内涵段子"曾因发布粗俗内容而被下架。字节跳动为相关错误行为向公众道歉，同时在抖音中加入了这一页面。学者和分析人士将这种做法称作"生存策略"，以避免再次出现类似问题。不过这也体现出，尽管这两款应用程序的核心机制一模一样，但受运营环境的影响，它们之间存在着根本性的差异。

另一个差异在于用户为了让视频更有吸引力而选择添加的滤镜。在 TikTok 上打开默认的相机滤镜，用户的肤色看起来十分自然。而在抖音上打开相机，用户的肤色看起来会更浅，这是中国女性热衷于美白造成的结果，这种偏好多年来一直影响着各类应用程序，甚至延伸到了一切用于调整视频的深度滤镜库。TikTok 的注意力主要集中于基本滤镜以及添加梗图和贴纸的选择方面，而抖音的大量滤镜都集中在外貌上，其中的不少滤镜能让眼睛变大、皮肤变白、五官更立体等。这反映了社会的主流思想，也表明字节跳动愿意适应社会的文化和规范。

第12章
开拓全球市场：以印度为例

张一鸣希望把自己的商业版图迅速扩张到全球市场，他意识到不论在哪个国家，成功的秘诀都在于快速达到临界规模。实现这一目标的方法之一是进行广告宣传，字节跳动每天花费数百万美元投放数字和电视广告，打响了一场几乎史无前例的公共广告战。而在发展中国家，字节跳动发现自己可以以相当低廉的价格拿下小城市中的工薪阶层受众，此后再进军消费水平较高的中心城市。

我们将印度作为 TikTok 赢得全球主导地位的研究案例。字节跳动了解到，印度社会中受教育程度较低的人口通常生活在四五线城市。字节跳动在印度的一名前雇员这样解释印度的城市等级制度："四五线城市的居民并不怎么了解英文内容或是高雅、优质的内容。他们想看的不过是些乡村喜剧，是人们伴着随机的歌曲起舞。"

由于这些城市的居民贫穷、受教育程度低下，而且没有多少可支配收入，广告商通常对他们没什么兴趣。这意味着TikTok不需要花大价钱就能拿下他们，针对四五线城市用户的千次曝光费用（CPM）很低。脸书、YouTube上的数字广告和谷歌搜索结果让潜在客户得知了这款名为TikTok的新应用。许多人也确实下载了TikTok。

这向应用程序注入了初始动力。大量用户涌入TikTok，这使其跃入应用商店排行榜前列，并引起了新闻从业者的注意。这些用户发布的内容或许不是那么完美，在更多情况下用户发布的是些令高品位群体敬而远之的、尴尬的土味视频，但它们总归是让应用程序热闹了起来。"你如果瞄准四五线城市，就会收获下载量、用户数和这种可能让人略有不适的内容。"一名字节跳动的前员工说。

当用户数量在那些小城市、乡镇和村庄中达到了临界规模时，TikTok就开始拓宽业务范围。字节跳动投入资金瞄准了那些在其他应用程序中位于三线城市的小微网络名人。作为印度社会的中产阶级成员，他们是社交媒体平台上的业余创作者，介于日常用户和更为专业的创作者之间。这些三线城市的小微网络名人可能在照片墙上拥有5 000~10 000名粉丝，字节跳动只需要花上一小笔钱，外加能够快速取得成功的承诺，就可以将他们吸引到这款新的应用程序上来。

这些新涌入的用户改变了 TikTok 的面貌。那些最初被发布在应用程序里的视频质量低下、画面模糊、镜头摇摆不定，且内容令人尴尬（内容往往是人们伴着宝莱坞老歌跳舞扭动）。这些视频逐渐被更高质量的、能为品位更高的用户所接受的内容所取代。当这类内容占到应用程序里视频数量的 1/3 左右时，字节跳动便瞄准了拥有大量居民的印度二线城市。TikTok 与照片墙上的主要网络名人取得了联系，向他们支付数千美元的费用以换取他们入驻 TikTok，这些博主通常坐拥百万粉丝，制作的视频质量良好、音效出色，视频中的人物妆容精致。与此同时，它还在传统营销方面投入了更多资金，针对照片墙和 YouTube 的用户设计了凸显这款应用程序优势的广告。一旦吸引到足够数量的专业网络名人，字节跳动便会加大营销预算，投入更多资金以吸引真正的传统名流。

这些名人解锁了更多的受众。TikTok 在那些不属于忠实用户的一小部分用户心中也具备了一定的品牌知名度。

当 TikTok 在印度的业务达到临界规模时，各个年龄段的人都想加入进来。例如，2018 年底至 2019 年初，一位来自孟买的 54 岁的母亲吉塔·斯里达尔很想知道为什么她的小女儿萨拉达和大女儿抱着智能手机不放，成天表演些滑稽的短剧和舞蹈动作。她在弄清楚那是什么后，便问两个女儿自己能否加入。

最后，这名母亲参与了女儿编排的几支舞蹈，并拍摄了视频，不过并没有公开发布，而是在应用程序中保持着私密设置。两个女儿不想让妈妈为此感到困扰，并且担心一旦发布视频，她就有可能再次让她们切断网络，因为断网这件事说起来容易，但适应起来实在是太难了。不过她们没有必要担心，吉塔让女儿在她自己的手机上安装了 TikTok，这样，当她想录制视频时就不必打扰她们了。

吉塔开启了她作为厨师和美食博主的职业生涯，她在评价餐馆时也会随身携带手机，用来拍摄视频和发布对厨师的采访。回到家中后，她还会和女儿们一起出现在她们的舞蹈视频中。

大家都喜欢吉塔这个似乎拥有无数彩色纱丽服的印度中年妇女，而她最终成为令人喜爱的 TikTok 博主也让人感到惊喜。"她这个年纪的人，竟然可以像这样表情丰富且充满激情地跳舞，人们会喜欢她一点都不奇怪。"萨拉达解释说。关注吉塔的人数从最初的几千人到 10 万人，再然后到了 50 万人。到 2020 年 6 月时，吉塔迎来了第 100 万名粉丝。她每天发布数十段视频。"大家享受着打破年龄壁垒的感觉。"萨拉达说。

在 TikTok 上意外走红的另一名印度博主是"水人"（本名贾迪普·高希尔），他的视频都在明亮的浅蓝色水箱内录制。在水下活动时，高希尔通常戴着深蓝色的护目镜，偶尔戴大的薄框眼镜，还戴着一个鼻夹，在水流的推动下他茂密的黑色长发左右飘动。"水人"从 YouTube 起步，后来转战 TikTok。他的视频内容一般是伴着宝莱坞的流行歌曲跳舞或对口型，水在定制的水箱里缓缓流动，他的动作也随之变得缓慢而优雅。

高希尔的视频迎合了 TikTok 用户的口味：当你试图理解看到的景象时，你那不停滑动的手指会不由自主地停留片刻。接着他开始移动，随着音乐同步而流畅地舞动，就像是从迪士尼电影中走出来，到了人们眼前一样，令人难以置信。真是让人欲罢不能，怎么能不转发给其他朋友呢？

如果印度人真的通过脸书等社交渠道将视频转发给了朋友，TikTok 也能让他们知道自己所喜欢的这段视频最初发布在了哪里。TikTok 乐于看到自己平台的视频被下载并被发布到其他社交媒体平台上（比如推特），因为在每一段被下载的视频的角落里都会出现 TikTok 的水印和视频发布者的用户名称。Flipagram 就采取过这种做法。这样做是因为在推特或脸书上观看 TikTok 的数百万人中会有一些人注意到应用名称，然后去应用商店中下载这款应用程序并成为其用户。

第 13 章
接管 Musical.ly

在 2015 年 4 月改版之前，Musical.ly 并不使用水印。水印的引入改变了游戏规则。在不到两个月的时间里，Musical.ly 便从美国区苹果应用商店排名第 1 250 上下跃升为最受欢迎的应用程序。用户数量不断增长，拥有约 100 万的月活跃用户。到 2015 年 8 月时，增长的用户数量足够为其带来 1 660 万美元的投资。与字节跳动不同，据说 Musical.ly 直到那时仍没有花一分钱进行营销。这款应用程序实现了朱骏的目标："为年青一代提供一块空白的画布，以及许多能让他们创造性表达的工具。"而且他们还在为这款应用程序添加新的功能。一个名为"我的城市"的地点筛选选项可供用户查找在当地制作的视频。而其在 2016 年，又推出了一种能使视频排名和展示更为优化的算法。

Musical.ly 迅速发展，虽然它是中国企业的产品，却在欧洲和北美洲广受欢迎。与此相比，TikTok 在欧美市场的发展相对疲弱，而在亚洲市场占据优势。当时 TikTok 将近 90% 的用户都分布在日本、泰国、印度尼西亚、越南等国家和地区。

2017 年 11 月，张一鸣决定出击，以 8 亿美元的价格收购了 Musical.ly。这笔交易极大地扩张了 TikTok 的版图。"我们很高兴开启了一个新的篇章，"耗时数年打造 Musical.ly，并使其月活跃用户数刚刚积累到 1 亿的朱骏表示，"TikTok 是时钟嘀嗒作响的声音，显示出该视频平台的最显著特征就是'短'。Musical.ly 和 TikTok 联合可以说是天作之合，这两款应用有着相同的使命，即打造一个人人都能成为创作者的社区。"

这笔交易十分可观，但还存在一个障碍，那就是要合并两款应用程序，将 Musical.ly 的用户迁移到 TikTok 上来。这一转变用了将近 9 个月的时间才最终公布，但实施起来却如闪电一般迅捷。2018 年 8 月 1 日，TikTok 在自家网站上发布了一份声明，表示这两款应用程序正式合并，Musical.ly 将被并入 TikTok。2018 年 8 月 2 日，Musical.ly 的用户一觉醒来打开手机屏幕时，发现这款应用程序深入人心的红色圆圈内划过地平线的弯曲声波标志已经不见了踪影，取而代之的是 TikTok 黑色背景上抖动的音符。

有人开心，有人不快，有人无奈地接受了这一变化，有人则表达了自己的不满。布赖恩·贝托林就是其中一员，他在推特上写道："Musical.ly 现在成了 TikTok，但我将永远是一名'歌手'，而非一座'时钟'。"在愤怒的情绪逐渐平息下来后，贝托林最终还是选择迁移到了 TikTok。这名费城少年至今仍在 TikTok 上发布视频，每段视频都会有数百次的播放量。

张一鸣的字节跳动试图占领全球视频领域的统治地位，现在舞台已一切就绪。实现这一目标的是两款适应各自特定运营环境的应用程序，即流行于中国市场的抖音和国际市场的 TikTok。

聚焦创作者：安娜

姓名：安娜·博戈莫洛娃

用户名：@anna

关注：394

粉丝：240 万

获赞数：1.003 8 亿

特长：驾驭时尚潮流，制造惊人的妆容转换

　　安娜·博戈莫洛娃在 TikTok 上的成名，要归功于一名 YouTube 名人的歌曲。

　　那是在 2018 年，拥有 600 万订阅者的资深 YouTube 博主汤姆斯卡（托马斯·詹姆斯·里奇韦尔）发布了一首附有怪异动画视频的歌曲，讲的是一块拟人化的松饼请求别人吃掉自己的故事。乍听起来这首歌或许不太明晰，但它并非只是一首有关松饼的小调。里奇韦尔一直在公开、有力地呼吁公众关注数字创作者的心理健康和压力，这首歌聚焦的就是这一问题。松饼嗓音高亢地请求遇到的人吃掉自己："求求你了，我想立刻消失。"歌曲伴随着欢快的曲调，可爱的卡通动画里还有其他松饼作为伴舞和伴唱歌手。

在流行事物昙花一现的互联网上,这段古怪的歌曲抓住了数字世界令人着迷的本质。它调和了光影变幻,时尚有趣,大受欢迎。在两年多的时间里,这一视频在YouTube上的播放量就达到了1.81亿次。

这首歌在网上红极一时,博戈莫洛娃就是数百万观众中的一员。2016年3月,17岁的她在脸书上看到了Musical.ly的广告,随后注册加入了这款应用程序。她在Musical.ly上并没有很多粉丝,在Musical.ly转型成为TikTok之际,不少与她相识的对口型博主选择了离开,她在剩下的博主中是相对成功的,但仍然没有特别多的粉丝。

直到《松饼时间》一炮而红。博戈莫洛娃很喜欢这首歌,认为可以用来表演有趣的对口型片段。她截取了15秒的《松饼时间》片段,录制了一段用来配合它的奇怪视频。这名留着辫子的金色头发的女孩一身可爱的日式打扮,一边唱着"生而为饼,求被吃掉",一边手舞足蹈,活似一个穿着粉红色芭蕾舞裙的疯女人。她在视频中使用的鱼眼镜头增强了怪异感,突出了她在颧骨上画的雀斑妆,她经常化这种洋娃娃般的妆容。

在互联网的奇怪世界中,这段视频拥有了自己独立的生命,虽然遭到TikTok社区版主的删帖,但在YouTube和照片墙上被不断转发。博戈莫洛娃认为,这段视频可能不幸遇上了一名过度审查的版主。全球最大的个人YouTube博主PewDiePie也发布了一段视频,表示他对博戈莫洛娃这段 TikTok 视频内容感到困惑。这让不少人关注了她的个人主页。

最后,大约 150 万人在 TikTok 上观看了她的视频,在其他应用程序上的浏览量要再多个几百万。在原始视频最初因内容不当被删除后,博戈莫洛娃新发布的视频吸引了大量观众,并获得了 250 万的播放量。

博戈莫洛娃以前的视频平均只有几千次的播放量,忽然间就有了稳定的数十万甚至数百万粉丝关注她的内容。她在 TikTok 上取得了成功,TikTok 的工作人员也想见一见她。

在几个月后的 2019 年伦敦 VidCon 上,公司的社群经理气喘吁吁地跑到她面前赞扬了她的创作内容,特别是《松饼时间》。"我告诉他们视频曾被撤下。"她说,"他们并不清楚这是怎么一回事,但他们重新将它上架了。"

博戈莫洛娃知道取悦算法很重要,因此在两家应用程序合并后的前几周时间里,她一直摸索新平台 TikTok 会青睐什么样的视频。她发现应当减少对口型表演,并适当增加追随热点且反应迅速的视频。

她在 Musical.ly 的不少同行也转移到了 TikTok,但没能适应新的环境。他们发现自己突然过时,失去了算法的宠爱。他们继续推广自己的对口型视频,但发现这些视频并没有获得什么关注。她在 Musical.ly 时期加入的一个 30 人左右的友谊小组中,只有四五个人现在还在 TikTok 上发帖。

23 岁的博戈莫洛娃有时会发现,在追逐平台播放量和做些自己想做的事之间取得平衡不是那么容易的。虽然这是一份工作，而且品牌代言和赞助为她带来了一些收入，但她希望可以从中收获乐趣。"不管怎样，我还是试图在自己想做的事情和他们想要的东西之间找到折中方案。"她说。她知道这是一种相对而言更为务实的方法。"这取决于你将重心放在哪里：是希望作为创作者和创意者表现自我，还是想要一大批追随者。"她还补充道，"如果你连一个观众都没有，那你制作视频又是为了谁呢？"

博戈莫洛娃一刻不停地在视野所及处寻觅，试图发掘热点。她很少制订计划，她像我们大多数人一样一头扎进"发现"页面，了解正在发生的事情，然后依此决定当天要实施的策略。"只要浏览一遍，我就知道自己要做些什么，拍些什么。"她说。如果第一次选中的题材收效不佳，那么她只要重新来一次就好了，而这一切最多浪费了她60秒的时间。到目前为止，一切都进展得不错。

第三部分

TikTok 的发展历程

第 14 章
成功的秘诀

得益于对竞争对手的深入分析和对细节的高度关注,抖音和 TikTok 的版图在世界范围内迅速扩张。有两点特性使它们明显区别于竞争对手:一是视频的长度,二是视频推荐的算法。

就视频长度而言,人的注意力时长是可塑且易受影响的,它取决于我们周围的环境。如果没有其他事让人分心,比如嗷嗷待哺的婴儿的啼哭声、心头惦念的尚未完成的任务或者大型项目截止时间的迫近,你或许就能沉浸在这本讲述漫长故事的书中。然而,一旦这些分散注意力的事累积起来,人们很快就会发现无法保持全神贯注的状态。科学家长久以来一直在研究并担忧的是:我们每天接收的信息太多,这是否会使我们无法进行深入的思考且只能在几秒钟内专注于某件事?

事实的确如此。加拿大研究人员在千禧年前后测试了 2 000 名受试者的注意力时长,在 15 年后又进行了一次同样的测试。

在此期间，家庭计算机得到了迅速普及，YouTube 和 iPhone 问世，家庭宽带网络普及开来，费用也有所下降，而人们在大脑罢工前专注于一件事的能力下降了 1/3，平均从 12 秒下降到 8 秒。我们只能在短时间内集中注意力，而这不仅仅是眼前的问题。一项由独立研究人员进行的长期研究表明，人们注意力的耗尽与过量信息有关。马克斯·普朗克人类发展研究所的一位研究人员指出："对新鲜感的追求促使人们更快地集体转换话题。"

这些社交平台在缩短人们注意力时长的同时，也在满足人们越发细致的关注点。在给用户提供能够刷个不停的视频之前，为了尽可能长时间地吸引他们的注意力，TikTok 也进行了细致的调整。根据 TikTok 内容负责人所说，多数视频提供的都是 15~30 秒的短暂乐趣，这迫使内容创作者在短时间内最大限度地展现出创造性。在给新创作者的内部指南中，TikTok 建议创作者将发布的视频时长控制在 11~17 秒，且不能少于 10 秒。在 TikTok 这个新世界中，安迪·沃霍尔著名的 15 分钟成名时间实际上已经变成了 15 秒。

只需想一想在 TikTok 上一小时可以看多少内容即可。如果每段视频的时长最长为 60 秒，那就是 60 段视频，且一段接着一段地播放。这意味着人们会看到 60 张新面孔，开启一扇进入他们世界的大门，同时获得一次追捧他们的机会，甚至把他们推向超级巨星的宝座。与此相对，YouTube 的视频平均时长却变得越来越长，因为越来越多的人不再是在奔波中抓紧时间看视频，而是坐在沙发上看长篇纪录片，这样吸引关注者就变得越发困难。TikTok 的视频时长恰到好处，不会让人因为时长很短而感到无聊，而是让人们不断浏览全新的、稀奇古怪的内容。这些视频由创作者精心设计，以便在第一时间夺人眼球，用新花样让观看者的多巴胺激增，引领他们滑到下一段视频。

正因为如此，TikTok 才会广受欢迎。这些视频被精心挑选出来，无休止地滚动展现于人们的指尖之下，供人随意滑动浏览，并且绝对不会让人感到无聊。

驱动 TikTok 发展的第二大因素是它的算法。算法不仅为 TikTok 提供了动力，更是字节跳动所有产品的推进器，是整个公司的盈利法宝。事实上，字节跳动一直在对其应用程序的内容分发机制及其他技术进行商业化开发，例如图像识别技术和计算机视觉技术。早在 2020 年，字节跳动就将其算法产品和其他工具的白标版本以 Volcengine（火山引擎）作为品牌名称进行出售。2021 年 4 月，有内部人士告诉我，字节跳动开始在新加坡雇用员工，以 BytePlus 作为品牌名称向西方公司销售类似的系统。

就像 YouTube 的推荐算法一样，TikTok 的算法对于外部甚至许多内部人员而言也是复杂且难以捉摸的。当我向 TikTok 英国编辑部主管亚丝明·豪咨询算法的运行机制时，她也对此表示困惑。她说："我认为这是一个连算法团队都无法回答的问题，它太精妙了。"

然而，要想制作一个算法友好型的视频，依然是有大方向可供遵循的。豪指出："视频需要在光线充足的环境下拍摄，质量必须过关，但不用过度打磨。在大家看到的走红视频中，99%是平台认为真实的、展示现实内容的。"TikTok 是一款植根于注意力经济的应用程序。创作者如果不能迅速引起用户兴趣，就无法实现快速发展。亚丝明·豪说："用户如果能在视频的前 3 秒就被吸引，看完整段视频的可能性会更大，这段视频就会被推荐给更多人。"

正如 YouTube 焦虑的创作者总是竭力尝试反推算法的运行机制一样，TikTok 上的创作者也花了一些时间努力弄清如何利用系统获得更多的成名机会。那些想要吸引观众的创作者在 TikTok 上发布的几乎所有视频都会在视频说明中添加"#fyp"这一话题标签。这源于一种受到误导的观点：没有加上这个标签的视频就不会出现在视频推荐的主要位置。

除此之外，几乎没有人深入了解 TikTok 的算法到底追求的是什么，或者更准确地说，几乎没有人对这一算法如何运行有足够的认知（社交媒体平台上对算法存在着误区，那些急切想要获得幸运密码的人认为这些算法是有人格的。实际上，这些算法只是按照冷冰冰的逻辑运行的计算机代码而已）。

TikTok 是一个在许多方面都处于发展早期的平台，这意味着认为自己了解其系统算法运行机制的人比 YouTube 上的少。在 YouTube 上"增长黑客"社区蓬勃发展，黑客会在行业会议上举办活动，并承诺提高个别用户在网站上的名气。TikTok 上的算法专家相对较少，他们会通过不同的输入探索 TikTok 的优先级顺序及其背后的原理。

其中就包括视频编辑应用程序 VEED，它声称 TikTok 通过两个计算机化的工具查看了其平台上发布的所有视频。第一个工具是自然语言处理，用于识别人们所说的话、在视频文字说明中键入的内容。第二个是计算机视觉技术，用于确定人们在做什么、在什么位置、视频内容如何推进，并翻译为计算机可读清单。VEED 会有这种理解功能是因为字节跳动的一位发言人曾暗示了 TikTok 的内部运作方式："我们所开发的算法能够通过自然语言处理与计算机视觉技术，理解和分析文本、图像以及视频。"这样公司就能提供给用户他们最感兴趣的内容。

但 TikTok 不会第一时间把视频推送给所有用户。TikTok 希望自己成为用户心目中可以无限娱乐的地方。将没有达到预期标准的视频推送给广大用户可能会降低 TikTok 在他们心中的水准。因此，当 TikTok 的计算机辅助 AI 通过两个工具分析完视频内容后，TikTok 会先将其推送给少量用户并评估他们的反应。

当一段视频被推送给 TikTok 庞大用户基数中的一部分进行测试时，这段视频就迎来了它的关键时刻。这些为数不多的用户在他们的推荐页上看到这段视频的反应将会决定这段视频的性质：是可以继续投送给数百万"发现"页面的、观看量会飙升的成功品，还是一个注定不被喜爱的、无人问津的失败品。这个初步测试非常关键，因为"发现"页面是 TikTok 至关重要的部分。字节跳动解释称："这就是 TikTok 的神奇之处。不存在唯一的推荐内容。虽然不同的人可能会看到相同的优秀视频，但每个人的视频推荐都是独一无二的，是为特定的个体定制的。"

TikTok 通过多种方式评估用户的反应，它似乎在使用一种层级结构区分有趣的和无趣的视频。播放完成率较高和多次被重复播放的视频是优先被推荐的内容。

决定一段视频能否从少数测试用户推送给更广泛的 TikTok 社区用户的另一个重要指标是，该视频是否会通过 TikTok 的应用程序界面被分享出去。此外，在判断哪些视频具有吸引力时，评论也是一个重要的加权项，而在视频上双击以表示"喜欢视频"则是权重最低的指标。

所有这些用于评估观众从特定视频中获得乐趣的指标都会被收集在一起计算并得出一个评分。如果分数达到了某个未知的临界值，视频就会被推送给全世界更多的 TikTok 用户观看。算法会根据视频的重播可能性、评论数、点赞数、分享数等为视频打分，随着这套流程在用户中反复进行，这些视频会变得越来越流行。直到大多数人对之失去兴趣，它们才会被撤出"发现"页面。

有趣的是，不同于其他社交平台（主要是YouTube）定期给用户推荐头部创作者视频的做法，TikTok想要培养一群优秀的创作者而非几个超级巨星。字节跳动表示："粉丝多的账户已经具有较高的关注度，因而发布的视频更有可能被多次观看，但粉丝数量多寡和账户之前是否有过高播放量的视频，都不会对推荐系统产生直接影响。"事实上，它正在努力避免算法过滤（Filter Bubble）[①]和由相同类型创作者提供相同类型视频的无止境循环。如果TikTok向用户连续推送了两个相同配乐的或由同一个创作者制作的视频，反馈机制也就失败了。

每一个数据点都被用于建立用户画像。在用户首次打开TikTok时，应用程序会通过主界面给用户推送一些最受欢迎的内容，观察用户在哪些视频上有所停顿，在哪些视频上选择跳过，又对哪些视频反复观看。上述每一个选择，乃至用户在视频上花费的每一秒，都会针对用户是什么类型的人以及喜欢什么，勾勒出一幅画像。这幅画像会根据用户打开应用程序时的位置、在一天中打开的时点及其他一些选项不断地进行更新和微调。这意味着用户每一次打开TikTok，推荐给用户的视频都会更好地迎合他们的喜好。

我对此有过亲身体会。当我研究在乐购或其他超市工作拍

---

① Filter Bubble 是指你看到的信息都是被服务器后台的算法精心调整过的。——编者注

TikTok 的人时，我的应用算法就适应了这一点。因为我找到这类视频，并一次又一次地重复观看，TikTok 就认为我喜欢关于超市的视频。于是我看到了有人骑着购物车滑下超市过道，以及人们在奶酪和黄油货架之间滑行的视频。当我研究新冠肺炎疫情暴发后人们在商店排队时参与话题挑战的事件时，我常看的视频就增加了新的种类。TikTok 将我的一个兴趣点"超市"和另一个兴趣点"排队"进行三角化定位。很快，应用程序就给我推送了人们在超市里而非在商店外排队的视频。这些不同种类的排队视频都拍摄于英国的商店。因为在判断推送哪些视频时，TikTok 往往会将用户的位置考虑在内，同时也会考虑用户使用的设备类型等其他因素。

这些都是为了实现 TikTok 的一项主要目标——减少阻力。用户为了找到喜欢的视频花费的时间越多，重复使用应用程序的可能性就越小。通过确保对用户的了解，并反复运行算法的推荐机制为其提供了高质量的视频，TikTok 竭力防止用户离开平台。

TikTok 清楚地知道其算法的能力以及无休止的滚动式视频播放模式令人沉迷的本质。2020 年 2 月，世界各地的用户都开始在"发现"页面刷到奇怪的视频。有一个名叫莱娜的 17 岁女孩，在打开应用程序沉浸在视频推荐中两个小时后，在晚上 11 点左右就刷到了这样一段视频。视频中，一个笑容灿烂、非常帅气的小伙子在向她打着招呼。他有对生动的眉毛，笑的时候眼睛周围都是褶皱。"我知道看视频很容易停不下来,"他通过镜头诚恳地对她说,"相信我,我以前也是这样。但是这些视频明天依然会在。关掉手机,去多睡一会儿,让自己得到休息。晚安。"

这个小伙子是 TikTok 上的内容创作者盖布·欧文,当时他有 200 万名粉丝,这段视频不是从他的个人账号发布的。账号"@TikTokTips"是由 TikTok 设立的,用来尝试回应那些认为它使年轻用户群体沉迷其中的批评的。一些平台上的红人专门录制了鼓励人们放下手机的视频,其中就包括科塞特·里纳布——一个活力四射的金发女孩。她的视频总是突出那些欢乐、夸张的表情,而这些表情即使是表演风格最夸张的默片演员都不敢做。她在视频中直截了当地向观看者发问:"你最后一次出门是什么时候的事?"

让人们关掉 TikTok 看起来像是一个违反常理的做法,却会产生积极的公关效果,让人们无法再批评它利用吸引注意力实现经济变现。一名专门研究应用程序如何通过"黑暗模式"的设计圈套来引人沉迷的社交媒体学者指出,这正是 TikTok 鱼和熊掌两者得兼的一大例证。美国普渡大学讲师科林·格雷也指出:"它们首先在应用程序的核心部分故意构建了令人沉迷的模式,然后增添了一些防沉迷功能,让它们看起来好像是'网络良民'。"通过监控一小部分人如何使用这款应用程序,就可以看出它是如何让人沉迷其中的。

第 15 章
人们如何使用 TikTok

在塔哈·沙基勒的记忆中，2020 年 6 月 8 日与平常并没有什么不同。对于这位来自加拿大多伦多的营销专家来说，这一天只是一个寻常的星期一。不过，TikTok 所捕捉到的数据显示并非如此。沙基勒向我分享的一些数据（TikTok 用户可以通过应用程序下载自己的数据），显示出他在过去 24 小时中是如何与 TikTok 互动的。沙基勒在分享完数据后对我说："我很震惊，但并不对 TikTok 收集数据这件事感到意外。我从事广告工作，而大公司提供给我们的目标选项肯定都有来源。人们的隐私早已不复存在。"

沙基勒在夜里醒来过：凌晨 2 点 27 分，他解锁了自己的 iPhone 11，并打开了 TikTok。TikTok 算法给他推荐的第一段视频的创作者是扎赫拉·贝鲁，一位有着 17.1 万名粉丝的穆斯林美女博主。她住在美国加利福尼亚州的拉古纳海滩，专门研究所谓的"适度时尚"。视频讲解了如何打理嘴唇上方的汗毛。这个方法贝鲁已经用了 8 年，在使用了这个方法之后，她就不用再去当地商场的美妆柜台了。沙基勒似乎对这段视频有点兴趣，他在这段 15 秒的视频上逗留了 12 秒才滑到下一段视频。

到了第二段视频，他看到的是领英工程副总裁萨维娜兹·米斯利基。她正在向求职者提供职业建议，告诉大家在面试中被问到"你为什么想辞掉你现在的工作"时该如何应对。这段视频很流畅，使用了很多 TikTok 的滤镜效果：当出现不好的答案时，米斯利基会置身于一个代表地狱的图案中；当出现更好的答案时，她则身处云端，头顶一个 AR（增强现实）光环。沙基勒完整地看完了这段视频，才滑到了下一段视频。

在下一段视频中，他看到的是美国佛罗里达州夏洛特县一个泳池救生员克丽丝塔尔·伯恩，她脱掉人字拖，蹚进自己监管的泳池中，并在文字说明中写道："我受够了生活，所以今天我决定成为一个溺水者而不再是英雄。"沙基勒是这段视频的 1 460 万名观看者之一。然后，TikTok 的算法推送给他一个广告，推广的是一款名为《永恒之剑 M》的游戏，而介绍游戏信息的女士身后播放游戏画面的大屏幕把游戏名打成了"恒永之剑 M"。沙基勒没有被这段视频和游戏迷住，不到 3 秒他就滑到了下一段视频。视频中，一位男士坐在一张玻璃质地的花园圆桌旁，展示从易拉罐里倒出健力士啤酒的最佳方式。这位头发花白、穿着羊毛衫的男士把易拉罐翻转了4次,然后打开易拉罐,绕着一个玻璃杯漩涡式倒酒,尝试更好地分配酒液和泡沫。

在这5段视频之后,沙基勒又看了35段视频,并在凌晨2点36分退出了TikTok。他打开TikTok的时间不超过10分钟。

但就在这几分钟,甚至是更短的时间里,仅靠推送给他的前5段视频,TikTok就能大概确定他是什么类型的人以及他对什么感兴趣。沙基勒表示:"我是穆斯林,对职业小贴士感兴趣,还喜欢去海滩,唯一不符的是饮酒技巧这一点。"作为一个穆斯林,他并不喝酒。TikTok有大量的使用记录用于了解沙基勒感兴趣的内容。自2019年圣诞节那一天他第一次尝试认真使用TikTok以来,他至少打开了这款应用程序1 539次。在此期间,TikTok的算法获知了此前他是如何与平台上的37 756段视频进行交互的。它知道他喜欢什么,不喜欢什么,什么时候可能需要获得帮助,什么时候需要娱乐,应该推送职业建议还是搞笑视频。

7月的某一天,沙基勒在TikTok上最为忙碌。他在24小时内总共登录了29次,第二次登录是在他首次退出应用程序的几分钟之后。他分别在以下时点打开了这款应用程序:

凌晨2点37分

凌晨2点49分

凌晨2点53分

凌晨3点05分

凌晨3点13分。

在这之后他努力睡了几个小时，然后在清晨5点24分和5点44分再次打开了TikTok。他在早上8点刚过时醒来，做的第一件事就是打开TikTok，并在接下来的45分钟里又打开了4次。在投入工作之前，他在上午10点20分和10点45分之间突然打开应用程序看了一下。在下午4点58分时，他匆匆看了一眼TikTok，到下午5点整时又看了一会儿。晚上9点32分、9点42分和10点08分他都打开过应用程序，其中9点42分他打开了两次。晚上11点38分，他再次打开了TikTok，并在睡前看了10段视频。第二天凌晨1点刚过，他又打开了应用程序。

在那一天里，沙基勒看了786段视频，似乎是他平均每天看264段视频这一可观数字的3倍。除了泳池、饮酒、美妆博主和面试建议之外，其他视频也能让人更深入地了解他的兴趣所在，以及转移他注意力的方法。他被推送的视频还包括下列内容：华盛顿特区一套高级公寓和家具配件介绍；一处陆上屏障被巨大的挖掘机破坏后，附近湖泊里的水大量涌入一个新挖出的洞；以及乘一艘帆船出来消遣的人，视频背景中还有风刮过手机麦克风的杂音。

此外，在上午10点36分前后，他也被推送了不能不看的TikTok上最红的公众形象查莉·达梅里奥的视频。视频中，她配合乔纳森·林代尔·柯克（艺名Dababy）的《摇滚巨星》跳了一段精心编排的舞蹈，并向观众展示着她淡紫色的指甲。

沙基勒在每一段视频上停留的时间也可以说明问题。与大多数人一样，在面对大自然的力量或令人敬畏的事物时（比如用挖掘机的斗齿拓宽湖泊的视频），他会停留更长时间。有时他会在滑走视频之前观看好几遍。对同一个博主上传的视频，他停留的时间也有所不同。比如 26 岁的玛丽亚·阿马托穿着灰色运动长裤和一件紧身露脐上衣，在卧室里缓步走到镜头前跟着流行音乐跳舞的视频，会比她穿着波纹睡衣教观众跳一支流行舞蹈的视频更能吸引他。

沙基勒是我遇到的极为热衷于使用 TikTok 的用户之一，大部分人使用得都较为适度。霍莉·杰拉蒂是一名来自伦敦西区的记者，自称 TikTok 粉丝，在 250 天内看了 2 142 段视频，差不多一天看 8 段。不过，杰拉蒂跟 TikTok 之间的关系要更复杂一点，她会连续几天甚至几周都不登录应用程序，然后在一天内打开十几次甚至更多次。例如，2020 年 7 月 20 日，她分 13 个不同的时段在 TikTok 上看了 132 段视频。但这与她看得最多的时候相比还差得远：从 6 月 29 日的晚上 11 点 30 分到 6 月 30 日的晚上 11 点 30 分，她在 24 小时内看了 300 多段视频，登录应用程序 14 次。

这些数字可以反映 TikTok 收集的用户信息的丰富层次，以及增强其算法判断人们兴趣点的能力。它就像一个现代版的手相大师，通过各种迹象和线索来了解人们的身份以及人们想听什么。对于 TikTok 而言，则是为了了解人们想看什么。但与哗众取宠的江湖骗子不同，它不需要去发掘这些信息，人们会将自己的信息欣然奉上。这些信息帮助 TikTok 构建各项服务、掌控人们的数据并改善服务体验，比其他第三方公司梦寐以求的做得更好。TikTok 喜欢掌控全局。

# 第 16 章
掌控行业生态

商业历史上有很多为满足新兴行业需求而成立公司的例子。例如,随着电影产业的发展,靠好莱坞电影拍摄现场吃饭的人也相应增加。如今,经纪人和选角导演会在餐厅碰面确定演员的角色,特效公司、布景师、道具店和餐饮服务公司能够满足电影制作的一切需求。互联网行业也是如此,可以雇人设计网站,给公司制作广告,还能确保公司在谷歌的搜索中排名靠前。随着YouTube率先发展为一个明星体系的产业,大量行业依附者涌入市场为其提供服务。

2010年前后出现了一场淘金热,一些自称MCN(多网红达人孵化机构)的公司为创作者充当经纪人、经理人以及交易的中间人,并从创作者的收入中抽成。事实上,最恶劣的MCN机构会通过聚集大量红人来捞钱,却几乎不会为他们提供什么个性化的支持。这个行业站稳了脚跟,并将供应链细化成各个独立的部分：经纪人处理品牌推广，并负责洽谈售卖产品的协议；经理人尽力协调粉丝量不断增长的 YouTube 博主混乱的日程，确保他们有时间录制赚钱的视频，同时还要和严苛的粉丝斡旋，并筛选那些想要探访他们成功秘诀的记者的采访请求；为网络名人做营销方面的专家，与有名气的线下商业品牌和有活力的年轻网络视频创作者沟通，并从每一笔因此达成的合作中抽取适量分成；律师则专门起草网络名人的有关协议，并维护所有符合广告法规的品牌协议。

如今放眼 YouTube 的行业生态，人们会看到一个行业依附者、网络名人和大交易经纪人的天下，他们专业水平各异，成功失败迥然。YouTube 支撑着整个行业的发展，又为站在镜头前的创作者提供了生计。

TikTok 则不同。尽管上述行业的各种要素还在，有顾问认为自己摸清了在 TikTok 上取得成功的秘诀，向渴求成功的人提供完善的机会，有经纪人带领新秀度过不稳定的成名初期，但字节跳动希望分得比 YouTube 更多的利益。能够自由进入照片墙、YouTube 等其他平台开放市场的整个网红行业都被 TikTok 牢牢抓在了手中。

很多公司都可以帮助人们了解 TikTok 上网络名人的身份以及哪些人是热门的新创作者。但是 TikTok 作为中国企业字节跳动的一个分支则更希望把更多的行业生态掌控在自己手中。

2016年在深圳成立了UpLab公司的荷兰企业家法比安·欧维汉德表示："这就是中国公司的运作方式。而在西方，我们只需要适应某些公司将会掌控整个行业即可。"当发现可以利用抖音这款新的应用程序强势增长的机遇时，他便辞去了在新加坡的工作。

这是一个明智的商业决策：通过向用户和想向用户播放广告的公司提供若干实用的服务，平台就可以保留更多的收益份额。这是一种YouTube用同一方法却没能完全掌控的模式。在YouTube上，通常是第三方先出手并达成更好的品牌推广，而YouTube仅能依靠头部网络名人获得一部分广告收益，这意味着企业的盈利能力被严重削弱。TikTok上仍然需要有经纪人和协商合作的经理人，但更需要拥有在平台之外进行交易的能力，比如让一个TikTok网络名人在电视节目上露脸而非获得平台内部的机会。如果你控制着广告销售和应用程序内部的产品推广，那么你也会对每一项服务收取费用。在字节跳动270亿美元的广告收益中，仅抖音的广告收益就占60%。这是字节跳动最大的收益来源，因为它拥有并运行着一款用户不得不观看包括广告在内的所有内容的应用程序。就向创作者和广告商两头收费来说，这是一种颇为划算的交易。

你可能认为创作者和广告商会对此有所抱怨，毕竟，如果运营着TikTok的公司也经营着整个市场，那么没有什么能阻止其为与自己合拍的创作者定价，而不仅仅是给交易各方定价。但是，TikTok可以利用此前的范例，让所有相关方相信其运作方式具有一定成效。在这20年的大部分时间里，新兴的网红营销行业都在努力摆脱其早期"江湖骗子"的恶名（这类人一旦预见了市场扩张的方式就想赚快钱）。然而，早期从业者不明白也没有意识到建立长期合作关系的重要性，常常激怒合作的创作者和广告商。那时的MCN机构聚集了大量的创作者，建立了无比庞大的创作者库，却无法给这些创作者提供量身定制的建议和支持，结果产品水准有所下滑。这个行业也因暗箱操作而臭名昭著。网络名人因此感到愤怒，广告商也觉得受到了欺骗。原本应该充满活力的自由市场因早期从业者的贪婪而蒙尘。

此后，网红营销行业一直没能实现真正的复苏，并接二连三地受到了来自美国和英国广告标准管理部门的调查。这些部门重点关注那些对推广产品收费，却不在发帖时明示的网红机构。这一行业受到监管机构的严格监管，也遭到了媒体的抹黑。那些投资网红营销行业的公司明白，要想在21世纪参与竞争，就必须与这个行业合作。但它们也清楚这个市场的现状，知道最后可能会因为遇到骗子或者被误导投资错误的广告而浪费资金。这些公司对于它们会因惯性或者无能而赔钱早有预料，仿佛它们是在与强盗集团做交易。总而言之，整个市场偏离了正确的运行轨道。

这可能就是TikTok创作者市场在2020年初推出时受到如此

热烈追捧的原因。这是一个连通创作者和品牌的平台，它让网络名人可以自荐，公司也可以推销自己的产品，对双方而言都有利。想要推广一种产品（比如一款新手机或计算机游戏）的企业可以根据各种不同的筛选器搜索粉丝量超过1万的创作者。在平台上，可以查找某个国家的创作者，或者美国某个州的创作者（如果他们在美国）。也可以按照应用程序上的分区查找，比如与体育、美妆或美食相关的创作者。一旦找到了想合作的创作者，就可以查看他们的观众群体统计数据，判断其是否适合自己的品牌。这些数据可能包括他们用于访问TikTok的设备类型、年龄、性别和位置。

当找到了可以推广其产品的创作者，品牌方就可以在创作者平台上联系此人，并就品牌愿意为其在视频中提及自家产品支付的费用进行协商。TikTok对全程进行着名义上的监督，而这正是它所期望的方式。正因为有TikTok的监督，品牌和网络名人才能相信整个过程会比去网红营销行业的丛林中冒险更具正当性。

这是一个有利于打消各方疑虑的明智之举。在看到Vine在保留创作者信息方面存在的问题后，字节跳动便开始这样做了。

第 17 章
管理网络名人

众所周知，在大学里，有人会靠拍拍肩膀①和说些客气话的方式招募间谍。对于同年龄的 TikTok 网络名人来说，网红管理公司通过一条照片墙的私信即可发送邀请他们加入网红精英俱乐部的消息。

20 岁的诺厄·贝克是一名明星足球运动员，曾在美国犹他州的校队踢中场，后加入波特兰州立大学的足球队，即波特兰飞行员队。波特兰州立大学给了他全额体育奖学金，但它们不仅仅是在招募一名优秀的足球运动员。贝克是一名多才多艺的中场核心，波特兰州立大学其实也是在招揽一位 TikTok 新星。

当时，贝克已经在 TikTok 上有了几百万粉丝，足以引起

---

① "拍拍肩膀"（a tap on the shoulder）指已经为情报机构效力的大学导师或其他人员在招募间谍时所采取的方式。在物色到合适的人选后，这些人会伺机拍拍肩膀，邀请被选中者去谈话，以达到招募的目的。——译者注

TalentX 娱乐这类经营年轻社交媒体偶像的机构的关注。在评估了贝克的潜在投资可能性后，这家公司就赶来招募他。

波特兰州立大学和飞行员队可能都知道这一天终将到来。在 YouTube 上，除了 2011 年一个在篮球比赛中的快闪视频曾经快速传播并爆火，极少有人关注这支体育团队。只有 2 000 人订阅了这个频道，且大多数视频都只有几百次的播放量。但是飞行员队新签约的诺厄·贝克的 98 秒介绍视频却有 69 万次播放量。显然，除了作为足球场上的中场，贝克还有其他使命。

根据我在 2020 年中获得的 TalentX 娱乐公司监测 TikTok 所得的数据，贝克在 TikTok 上的粉丝中有 89% 是女性。其中，40% 来自美国，其次是英国、巴西、加拿大和德国。2020 年 7 月的最后一周，观看他视频的人数增加了 110 万。2020 年中，他在应用程序上的平均视频播放量为 630 万次，25% 的观众年龄在 18 岁以下。他是 2020 年春季社交媒体上崛起速度极快的明星之一。

贝克希望成为被 TalentX 娱乐公司代理的 TikTok 创作者之一。TalentX Entertainment 由 Sway LA（TikTok 上的组合，组合中的成员共同居住在豪宅 Sway House 中拍摄视频）中最走红的乔希·理查兹创立，伦茨是该公司的首席执行官。该公司在 1 月时了解到贝克在 TikTok 和照片墙等应用程序上的飞速崛起。经调查，发现他有异常高的粉丝参与度，这意味着人们不仅会看他在社交平台上的内容，还会愿意以前所未有的频率评论和分享这些内容。起初，TalentX 没有费心去联系他。伦茨表示："他拿着全额的体育奖学金。在美国，全国大学体育协会的运动员不能通过运营社交媒体赚钱。我们签他是没有意义的。"

但是，随着贝克在社交媒体上的人气不断暴涨，他透露了自己考虑离开学校、放弃奖学金并全职做社交媒体的意愿。

随后他来到洛杉矶，伦茨和 TalentX 副总裁迈克·格伦带他出去吃了两次饭，并通过 Facetime（苹果公司的视频聊天软件）和他的父母聊了聊。他们向贝克说明放弃奖学金和体育事业以换取社交媒体上短期名气的利弊。"我们非常坦率地对他说：'你现在有全额奖学金，同时也处在比其他人发展得都快的时刻。'我们还讨论了自己会如何让他赚钱并获得职业发展。"贝克于 2020 年 6 月与 TalentX 签约，并在一个月内与 7 个品牌达成了合作。他的照片墙粉丝数量从 20 万发展到了 220 万，在 TikTok 上的人气也有类似的发展。

贝克在与 TalentX 签约的同时也加入了 Sway LA。Sway LA 与其他采用这种模式赢利的公司一样，旨在利用 TikTok 的发展来聚集资源、网络名人以及他们由此聚合的观众，从而最大化这些网络名人的吸引力。起初，贝克不认识和他一起住在这栋豪宅里的任何人，只是在 TikTok 上发布一些自娱自乐的视频。

伦茨给 Sway LA 的成员发消息说明了现实情况：贝克很红，而且在社交媒体上取得了巨大的成功，问他们是否有兴趣一起玩几天,看看是否能和他成为朋友。成员们起初的回应不冷不热,伦茨形容道:"他们的回应差不多是'哦,这我们也不能确定'。"后来他们去看了一下他的数据,并看到了他是如何依靠自己的实力在 TikTok 上成长起来的。他并未与其他的 TikTok 创作者合作,也没有蹭其他粉丝量更大的创作者的热度。这些成员很快就改变了自己的态度,认为贝克应该来 Sway LA 与他们一起住。

他们的交往一切顺利,贝克也加入了 Sway LA。因为和已成名的社交媒体明星有所联系,不到 9 天,他的照片墙粉丝就实现了剧增。正如我们在 2020 年 7 月底所说的那样,那时伦茨正在为贝克敲定一笔高达 6 位数的合作方案,让他在几个帖子中宣传一个品牌。

不过,这只是个开始。伦茨表示:"我们希望建立长期的合作关系,这样我们的客户就不会只是合作一年然后就离开。"

对于贝克来说,这意味着一项涉及赞助、产品种类、商业合作关系的计划。在这项计划中,他会获得与他有关的公司的所有权,并建立一个 YouTube 频道。通过该频道,他既可以从视频发布的广告中获得收入,还能在好莱坞出演角色(在我们谈到这件事的 3 个星期前,伦茨就为他申报了表演课)。将贝克培养为一个未来明星的投资数额巨大,尽管伦茨拒绝透露公司为了培养他花了多少钱,但看起来数额似乎不小。

作为交换,TalentX 将从他的每一笔收入中抽取 20%,并要求贝克尽到自己的义务。伦茨说："对他来说，他只需要保持本性，持续发布内容，树立个人品牌，不要出太大问题即可。这绝对是一笔值得的投资。"

这些目标在盛夏时遭到了挑战。当新冠肺炎疫情在美国加州蔓延时，贝克把很多网络名人聚集到一栋豪宅里举办盛大的生日派对，因而备受批评。在另一位 TikTok 创作者布赖斯·霍尔庆祝 21 岁生日时，贝克更成了公众批评的对象。作为 Sway LA 的创始成员，霍尔在 TikTok 上拥有 2 000 万粉丝。这场生日派对在好莱坞山举行。视频显示，派对上的人几乎没有什么社交距离。他们大量饮酒，脱衣舞女穿着暴露的内衣在寿星霍尔身上蹭来蹭去。这场派对甚至惊动了洛杉矶警察。

警察乍看起来与宴会雇来的身着警察制服的脱衣舞男没什么两样，但他们却是来结束派对的。这栋房子坐落在百万豪宅群聚的好莱坞亚壁古道，这已经是一周内第二次被警察"光顾"了。洛杉矶市长甚至威胁要切断他们的水电。

霍尔、贝克和 Sway LA 的其他成员似乎执迷不悟地要在这场大流行下沉迷玩乐。他们还在后来发布的 TikTok 视频中，嘲笑那些警告他们可能马上就会被切断水电的更有道德感的粉丝。

这种逞能的表现显然会惹来麻烦。不久后，当地市长召开了新闻发布会，宣布他已经让检察官对霍尔等人展开调查，因为他们违反了聚会场所条例。如果他们被判有罪，可能会被处以一年的监禁和罚款。虽然贝克设法避开了起诉,但他还是要面对舆论法庭的审判者。粉丝开始"取关"他,不再支持他。人们发现他点赞了一些不恰当的帖子,而且他似乎还对自己曾经的足球生涯造了假(包括他称自己除了波特兰州立大学的奖学金,还获得了有名得多的耶鲁大学的奖学金)。这对于年轻人来说是一个有益的教训:公众既能迅速捧红你,也能重挫你的锐气。

这场争议已经过去。贝克在 TikTok 上依然是一个坏男孩儿的形象,但这在商业上没有什么不利之处。一年后,在本书付印时[1],他的粉丝量已增长至 2 750 万。

---

[1] 这里指的是作者原版书籍付印时。——译者注

第 18 章
为社群提供支持

　　TikTok 不仅斥巨资把用户吸引到平台上来，而且从成立之初就培育并重视社群内主要领袖的意见。字节跳动持续为抖音上的一部分创作者直接提供资金支持，几乎是让他们作为它的一些新特性的签约测试者和推广者。抖音网红营销主管法比安·欧维汉德的女朋友在抖音发展初期加入时就对此有所察觉。不过，尽管字节跳动非常愿意花大把资金让卡迪·B 这样的名人在应用程序上发布视频，但直到 TikTok 在西方正式发布两年后，它才开始采取朱骏所采取的方式给予其创作者支持。

　　在这两年，TikTok 的规模开始变得庞大。月活跃用户数从 2018 年 1 月的 5 500 万增长到了 2020 年 10 月的 7.32 亿。其中一些创作者已经成为真正意义上的明星，他们签订了电视合约，与好莱坞的经纪公司签约，还出版了图书，把品牌发展到了 TikTok 之外。如果 TikTok 无法给予其创作者群体赚钱的能力，创作者就会酝酿一场悄声蔓延开来的抗争运动。于是 TikTok 采取了一些措施让创作者有钱可赚。

TikTok 创作者基金首先在美国推出，承诺从 2020 年至 2022 年投资 10 亿美元，另有 3 亿美元专项支持欧洲的创作者，并且会适时推出针对其他国家创作者的基金。对于 TikTok 上那些想要通过创作成名而非赚钱的创作者来说，这是一次行业规则的改写。

柯蒂斯·纽比尔是一个 24 岁的年轻人。小时候，他家曾在美国的新墨西哥州里奥兰珠市和佛罗里达州卢茨市之间搬迁。和众多创作者一样，他的创作始于在 YouTube 上发布搞笑视频，后来才在 TikTok 上如鱼得水。他现在稳居 TikTok 创作者的头部梯队，虽然没有精确的数据支持，但每月 1 亿~3 亿的观看量足以使他跻身美国 TikTok 创作者的前 50 名。他与 TikTok 上的女王级人物达梅里奥姐妹是朋友，还与 Hype House 和 Sway LA 的网络名人玩在一起。总之，他和其他网络名人都有联系。纽比尔很受欢迎，有 700 万人关注了这位染着金发、牙齿亮白的网络名人。他会和他那些养眼的名人朋友一起在镜头前拍一些搞笑短视频。

在得知有关创作者基金的消息后，纽比尔就迫不及待地想要抓住机会把他的 500 万粉丝量变现。他告诉我："一开始就应该这么做。"他和其他创作者都开始对他们与 TikTok 之间约定的不对等关系感到不满，而这与几年前 Vine 头部网络名人的关切如出一辙。他解释说："现在创作者为应用程序引流几乎得不到任何回报。"但情况正在发生变化，这令他感到十分激动。TikTok 将承认他们的才华，以及他们为 TikTok 带来的价值，并给予他们资金上的支持。

10 亿美元听起来是一个庞大的数额，事实也的确如此，但与世界范围内的 6.89 亿用户相比，就少得多了。不是每个人都有资格获得这笔基金：必须年满 18 周岁（这就排除了很大一部分 TikTok 用户）、拥有超过 1 万名粉丝，且这些粉丝在当月观看其视频要超过 1 万次。以欧洲为例，TikTok 预测会有数万人有机会拿到它们计划在 3 年期间分配的这 3 亿美元中的一部分。意料之中的是，当创作者基金的第一批申请者拿到第一桶金时，他们发现对许多人而言，这笔钱并不能用来解决温饱问题。

有几十位创作者告诉了我他们得到的资金数额，有人表示难以置信，还有很多创作者感到心灰意懒。他们原本期望着可以发一笔小财，然而，平均每千次的观看量只能让他们拿到 3 美分。TikTok 真正的巨星之一纽比尔拿到的仅是这个数额的一半。他推算，他的一位更红的女性朋友拿到的则是每千次观看量 1.2 美分。在纽比尔获得基金资格的首日，他的视频观看量为 380 万次，他因此拿到了 60.22 美元。他试图合理解释这一数字背后的原因。难道是因为他有很大比例的观众在国外，TikTok 无法通过广告把这些流量变现？可事实并非如此。他给我看了他的数据，数据显示他的视频观看者主要来自美国。他对此感到非常失望。

几天后，我联系到了他。他还是有些纠结："一方面，我们起码得到了一点回报；另一方面，每千次观看量只拿到1美分几乎是一种羞辱。"这笔每月2 000~6 000美元观看量的收益对一般的美国人来说似乎很多，但他住在洛杉矶，还维持着TikTok顶流创作者的生活方式。他哀叹道："一想到那些勤勤恳恳、努力扩大观众群、花大量时间在TikTok上的普通创作者只能得到一点小钱作为回报，我就更加难过。"TikTok两年来一直在表示它在努力为谋生的创作者增添稳定性，但纽比尔认为这笔基金于事无补。

尽管TikTok已经吸取了Vine的一些教训，但它可能还需要对提供给创作者的酬劳进行调整以使他们满意。不过，它现在日益稳固的主导地位已经很难遭到什么挑战了。

第19章
给网络名人额外收益

从2016年我对朱骏的第一次采访起,到字节跳动收购Musical.ly之前,TikTok的用户年龄就比一般的社交应用程序用户年龄更小。但世界上只有有限数量的青少年会被说服在镜头前扮丑搞笑。就某种程度上而言,TikTok应当开始向更大范围拓展用户群体,以确保其能够维持发展态势。

YouTube的前管理人员里奇·沃特沃斯很清楚这一点。在谷歌旗下的视频平台工作了10年后,他在还有12天过圣诞时跳槽到了TikTok。12月末的时候他告诉我,TikTok在2019年的业绩斐然,但它还想继续扩大自己的事业版图。他举了一个英国英格兰西南部威尔特郡61岁农民克里斯·富兰克林的例子。富兰克林经营的凯恩希尔乡村中心,是一家能够让儿童接触到农场动物的慈善机构,目的是培养孩子们对世界的认识。

我之前就听说过富兰克林的名字。他是TikTok选出的一位典型人物，用来展示其用户群的广泛性。那一年夏天，在我和字节跳动的一次通话中，他们首次提到了他。只需使用 TikTok 几分钟时间就能发现，富兰克林在一群年龄极小且富有魅力的孩子面前是一个局外人。但在 6 个月后，情况就发生了变化。

可以肯定的是，TikTok 在其最重要的年轻人群体之中依然有着惊人的发展速度。与所有的技术管理人员一样，沃特沃斯不愿意透露细节，但他承认 TikTok 在 16~24 岁的用户中发展得非常迅速。而和所有优秀的记者一样，我也设法弄到了相关数据。TikTok 向广告商展示的内部幻灯片上显示，到 2020 年夏季，TikTok 在英国的 1 700 万月活跃用户中，39% 的用户年龄在 18~24 岁，另有 20% 的用户年龄在 25~34 岁。TikTok 的英国团队负责人亚丝明·豪表示："已经有很多父母辈和年长一些的'千禧一代'开始使用这个平台，他们对这个平台的看法也发生了变化。他们原以为平台内容只有对口型和跳舞。但随着用户群体的多样化，内容也随之多样化。他们已经开始创作自己喜欢的视频了。"

现实情况是，TikTok 的用户年龄还是普遍偏小。但由于有禁止向儿童打广告的规定，2020 年 TikTok 的管理人员就远不如 2016 年 Musical.ly 的联合创始人那么坦率了。Musical.ly 的联合创始人很轻易就承认了他们的用户年龄小到只有 13 岁。TikTok 对用户年龄的这种遮掩是因为它在 9 个月内就受到了两次罚款处罚。2019年2月，TikTok被罚款570万美元，因其收购的Musical.ly违反了美国保护儿童免受过度网络数据采集的规定。做出此次处罚决定的美国联邦贸易委员会称，Musical.ly的所有者"很清楚有很多儿童在使用这款应用程序，但他们仍然未经家长允许，就收集13岁以下用户的姓名、电子邮件地址和其他个人信息"。

2019年9月，联邦贸易委员会再次出击。YouTube就违反保护儿童网络权益的规定与监管机构达成和解，同意支付1.7亿美元的罚款。一家专注于儿童网络安全公司的总裁迪伦·科林斯认为，对于所有拥有儿童用户的社交平台而言，这都是"一个重要的里程碑"。

在随后的2019年12月，TikTok遭到起诉，称它在未经用户明确同意的情况下收集13岁以下儿童的数据。TikTok否认了这一指控。然而，TikTok泄露出来的内部数据显示，其25%的用户年龄在13~17岁，另有42%的用户年龄在24岁以下。在2019年3月登录应用程序的用户中，只有15%的用户年龄在35岁以上。

年轻用户让TikTok充满活力，但也让这家公司头疼不已，因此TikTok想要拓展用户群。沃特沃斯告诉我，TikTok在25~34岁甚至年龄更大的群体中实现了快速发展。"就TikTok上被分享的内容和我们看到的创作者和用户类型而言，TikTok正在成为一片异常广阔的天地。"

TikTok 原本计划找准时机，花一大笔资金参加圣诞节电视和巨幅广告牌的传统宣传活动，请来大卫·贝克汉姆和流行歌手刘易斯·卡帕尔迪做广告，通过广播电视来吸引更多用户，同时让年轻人在圣诞节团圆时缠着家里人在自己拍摄的 TikTok 视频中出镜（这是 TikTok 内部的一贯策略。仅 2019 年，这款应用程序的母公司每天用于在美国做广告的费用就高达 300 万美元）。

但这场耀眼的电视广告宣传活动几乎未能实现。这场活动需要人们在一个闪着蓝色和粉红色光的 TikTok 标识形状的霓虹灯之间穿梭。重达 200 千克的 TikTok 霓虹灯标识木箱，被送到了位于伦敦霍尔本的 TikTok 公司所在的 WeWork 共享办公空间大厅，结果它只能通过楼梯运上去。最终十几名公司员工合力把它抬到了三楼。

TikTok 要想取得在世界范围内的主导地位，其代价会非常高昂。除了在这款很吸引人的产品上投入资金、拓展用户，公司还要在很多方面投入资金。这些资金不仅用在包括在美国网红节 VidCon 这类活动中大肆烧钱的布景以实现赞助覆盖，或是在电视宣传广告中请位于排行榜榜首的歌手和名人来做广告，还体现在高得离谱的薪酬上，TikTok 高薪挖竞争对手脸书和 YouTube 的"墙脚"。在 TikTok，一名管理 10 人团队的机器学习工程师年薪可达 20 万英镑，于是许多人都加入了进来。TikTok 成功扫荡了许多科技巨头。

TikTok 还到其他不同的行业招募员工，其营销团队中的很多人曾是新闻从业人员，TikTok 把他们挖过来，就好像他们的前老板在大幅裁员一样。其中有两个人甚至被从英国第三大政党——自由民主党的前任领袖办公室挖到了 TikTok，TikTok 的欧洲政府关系和公共政策总监西奥·伯特伦还曾是两任英国首相的顾问。当时，TikTok 考虑将其国际分部设在伦敦，并宣布要在都柏林成立一个 5 亿美元的信托和安全中心来处理其所有的欧洲数据，于是在伦敦和都柏林聘用了大量员工。2020 年中，TikTok 在网站上列出的所有职位空缺中，有 15% 的工作地点位于这两个中心。

TikTok 也为邀请网络名人投入资金。与普通用户只能获得的创作者基金不同，如果 TikTok 认为你可以为其带来新的关注和用户，它就会愿意投入大笔资金。名人的宣传可不便宜，而 TikTok 一直都乐意投入资金让其他平台上的创作者在 TikTok 上创建账户。TikTok 通过网红营销机构发布了一份招募令，邀请身处美国且已在 YouTube 或照片墙上拥有一定名气的搞笑博主、游戏博主、DIY 博主和宠物博主加入 TikTok，并发布内容。对于创建账户的网络名人，最初，TikTok 会支付给他们 500 美元酬金。其后，他们每次根据周计划发布一段视频就能获得 25 美元。TikTok 希望他们能连续 8 周每周发布 3 段原创视频，每段视频时长 11~16 秒。这些网络名人不能在视频说明或视频中提及他们的任何其他社交媒体账户，且必须带上"#TikTokPartner"（TikTok 伙伴）的话题标签。

完成上述要求的网络名人将收到 1 100 美元。每当有视频观看量达到 10 万次，他们将额外获得 200 美元，观看量达到 20 万次将获得 300 美元，观看量超过 100 万次将获得 500 美元。

你可能想知道有多少人响应了 TikTok 的号召。虽然不是每个带有"#TikTokPartner"话题标签的视频都是由正式的网络名人发布的，但也有近 13.5 万段视频带有这个话题标签，观看量近 78 亿次。根据 TikTok 分析工具 Pentos 收集到的数据，使用这一话题标签的视频平均观看量为 5.8 万次。

对于那些拥有大量粉丝，且能够达到这些奖金目标的红人来说，在应用程序上发布时长为 4 分 30 秒的视频，理论上最多能赚到 13 100 美元。摆在其他网络名人面前的则是更大的收益。2018 年 12 月，一家网红营销机构联系到了一些网络名人，让他们在 TikTok 上发布内容。作为交换，他们将获得 500 美元，还可能根据表现获得一笔 5 000 美元的奖金。

TikTok 在印度网红行业中也发布了类似的文件，印度有数千名创作者签订了合约。TikTok 不仅为他们在应用程序上发布的内容付钱，一项"视频转发承诺"条款还显示，更广泛地分享内容也会得到报酬。据说创作者根据自己在平台上的人气每月能赚到250~1 750美元不等。在一个平均月薪在425美元左右的国家，这是一笔不折不扣的大额奖金。

如果能得到这些奖金固然很好，但这与传闻中TikTok曾支付给一名（也可能是多名）照片墙网络名人以推广其产品的金额相比则显得微不足道。据《华尔街日报》报道，字节跳动为了让这名网络名人推广一段视频，花费了超过100万美元。

法比安·欧维汉德表示："这其实是一种很常见的策略。"欧维汉德比大多数人更清楚地知道，这是一种吸引创作者到平台上来的常用方法。这不仅因为他一直在监测着字节跳动如何运营这两款在世界各地运行的、极为相似的短视频应用程序，也因为他的搭档埃琳曾是抖音最早的创作者之一。

他解释道："她因此获得了相当多的报酬。"2016年，在抖音推出A.me后不久，字节跳动就派代表联系了埃琳。字节跳动主动接触了二三十名已经在其他平台上拥有一定人气基础的创作者，埃琳就是其中之一。然而具有讽刺意味的是，当时的字节跳动是想从Musical.ly上挖走埃琳，而一年多以后它就收购了这款应用程序的公司。它们给出的条件很简单：加入A.me发布内容，每发布一段视频她就能获得大约300元人民币的报酬，上限为每月4 000元人民币。欧维汉德表示："这个数额相当高，他们基本上靠每月拍几段视频就可以拿到这笔钱。"而且获得的数额根据人气高低有所不同，其他人赚得更多。

埃琳和其他人一样拿到了这笔钱,她的身份不仅仅是创作者,还是一个合作者。两年来,她一直与字节跳动合作共事,创作内容。由于字节跳动想从这些拿工资的创作者中获得更多,他们也需要对如何改进应用程序给出反馈。这是一个沿用至今的惯常做法。2021年3月,TikTok通过应用程序的私信功能接触了我所说的那名美国TikTok用户,邀请他加入一个Beta测试群组。他可以使用应用程序的测试版本,TikTok将在测试版中探索新的产品特性。他还加入了一个脸书群组,对这些新的产品特性给出反馈。当然,所有这些都是在一份保密协议下进行的。

付钱给头部创作者让他们参与Beta测试,就如何改进应用程序提出实时建议,同时促进平台发展,这笔花费并不算少。如果推出A.me要给每位创作者支付每月600美元费用,那么字节跳动就要每年为其早期创作者团体支出至少14.4万美元。但是,与付给一名照片墙头部网络名人的100万美元换来跨越式发展一样,TikTok可以通过向品牌收取广告费来收回成本。截至2019年1月,插入一个"in-feed"广告(即出现于视频流中的一小段视频)最低费用为2.5万美元,时长为15秒,平均每秒花费高达1 667美元。如果想要一个更好的广告位,比如用户打开应用程序时就会播放的视频,则每天要花费5万美元。发起一项话题挑战(即用户会模仿并在一个特定话题标签下发布一些奇怪的视频)则须花费15万美元。

加入了平台的创作者也能赚到钱。一项名为"艺术家影响力"的服务为唱片公司和 TikTok 网络名人之间搭建了桥梁，使网络名人能够在视频中使用音乐。字节跳动称："通过发布针对每位网络名人相应受众群体的内容，同时为这些内容配上唱片公司的歌曲，这些音乐会通过一段有机结合的内容被推广给网络名人的铁粉，从而获得高点击率。"目前还不清楚这些视频是否会被标识为广告，毕竟在这一过程中资金会转手。想要自己的音乐被 TikTok 上的 100 万人听到需要花费 350 美元，被 500 万人听到需要 1 600 美元，被 2 000 万人听到则需要 4 800 美元。提供这一服务的公司称，TikTok 与诸如华纳唱片、索尼音乐、环球音乐和 Live Nation（全球规模最大的演唱会推手）等公司都有过合作。

聚焦创作者：康伯"马"奇

姓名：彼得·克拉克

用户名：@cumbermatch

关注：347

粉丝：280 万

获赞数：2 420 万

特长：看起来像本尼迪克特·康伯巴奇

英国《金融时报》在伦敦的办公室似乎不是什么适合诞生 TikTok 网络名人的地方，但话又说回来，彼得·克拉克的职业发展轨迹也不怎么合乎常规。

这位 43 岁的商业分析师在 2019 年春是《金融时报》的一名非正式员工，被困在一个很大的、天花板低矮的开放式办公室的办公桌前，整间办公室活像一个 20 世纪 80 年代的老古董。在昏暗的灯光下，他那些生性活泼的同事发现他与好莱坞一线明星本尼迪克特·康伯巴奇长得惊人的相似。这话克拉克已经听到过很多次了，大家总是说他和这名演员长得特别像，但他从未真的这么觉得。直到他在一次聚会上穿上了漫威电影宇宙中康伯巴奇所饰角色奇异博士的戏服，拍了几张照片存于手机里，情况才发生了改变。

这些照片最终在《金融时报》的办公室里传开了，大家都在劝他把这些照片发到照片墙上，一名同事还建议他创建一个叫"康伯'马'奇"（Cumbermatch）[①]的新账户。很快，这些照片就引起了用户的关注，用户开始接受这些山寨版的康伯巴奇照片。

浏览克拉克的 Cumbermatch 主页的人并不满足于静态图像，关注者想看到动起来的克拉克与他们的偶像的相似度，并建议他加入一个名为 TikTok 的新出现的视频分享应用程序。一名同样与名人很像的偶然成名的网络红人，即曾是社区大学计算机操作员的伊扎克·赫什科维奇也建议他去试一试，他因和小罗伯特·唐尼有着相似的外貌而通过"NYTonyStark"的账户名称谋生。赫什科维奇甚至主动提出帮助克拉克，鼓励克拉克和他合拍一些视频，即一种利用其他创作者已有的观看者来获得热度。

TikTok 上的 Cumbermatch 就这样诞生了。"这一切都发生得太突然了。"一年多后的 2020 年 7 月，克拉克在接受采访时表示。那时他已经拥有了很大的粉丝群，足有 140 万名粉丝，且这一数字还在不断增长。克拉克在这个平台上找到了自己的节奏。在和赫什科

[①] 在英文中，"match"一词同时也有"和某人相像、与某人相匹敌"的含义，克拉克的账户名称有着一语双关的效果。——译者注

维奇合作后，他开始用粗糙的对口型方式表演本尼迪克特·康伯巴奇在大型电视节目中的关键对话，但他发现这样做并不能真正吸引到观众。相反，他们喜欢看的是他们眼中神秘的好莱坞明星或是长得和他们极其相像的人做一些他一般情况下绝不会做的事情，比如与观众互动，或是表演现实生活中的明星不敢演的搞笑短剧。他说："通常最令人意想不到的视频才能获得认可、点赞和观看量。"

克拉克不是应用上唯一和名人相像的创作者。正如 TikTok 上的很多事情一样，它还有一个因与名人有相似之处而吸引粉丝的完整的亚文化群体，他们或是长相相似，或是以其他方式与名人相似。17 岁的佩奇·尼曼在涂上厚厚的口红，画上复古的双翼眼线后很像流行歌手爱莉安娜·格兰德，她的粉丝量达到了 1 050 万。随之而来的是，有些人觉得她会惹怒与她相像的那位明星。格兰德曾发表评论批评这些与名人相似的创作者，很多人认为她是在针对尼曼。格兰德说她不明白人们为什么觉得"TikTok 上某些扎马尾的女孩配上卡特·瓦伦蒂娜[①]的声音，化上双翼眼线，穿上一件运动服就能完美地模仿我"。尼曼回应称，她不再是格兰德的粉丝了。

其他模仿者则仍然是他们所相像的人的粉丝。29 岁的巴西姑娘普里西拉·比阿特丽斯经常听朋友说自己长得像巴巴多斯的流行歌

---

① 格兰德在美剧《胜利之歌》中饰演的一个角色。——译者注

手蕾哈娜。与克拉克一样，她也被说服加入了TikTok。2020年3月，在扮演蕾哈娜"巴西分娜"的6年后，她正式与TikTok签约。不到5个月她就拥有了50万名粉丝，其中很多人都是因为她和蕾哈娜相像而关注她的。她说："在TikTok上我主要是展示自己的形象，我的粉丝很喜欢我这么做。在现实生活中这是不可思议的，因为我能在蕾哈娜的粉丝眼中看到他们散发出的爱意，这简直是梦幻般的体验。"

虽然那些因为长得和他人相像而引人关注的人看上去仿佛可以一夜成名，但真正要在TikTok上获得名气其实很难。在新冠肺炎疫情出现之前，克拉克同时应付着作为四处打工的商业分析师、照看两个孩子的爸爸和网络艺人多重身份的工作。疫情暴发后，克拉克和妻子商量决定由自己留在家里照顾孩子。他不得不承认："很难抽出时间来做视频。"每个星期四晚上，克拉克会在孩子们上床睡觉后离开家，开始规划录制下一周要发布的视频。

这种安排方式让他和TikTok的其他创作者相比处于不利位置。这个平台依靠潮流的迭代而繁荣发展，提前规划拍摄的内容然后在一周内一点点发布的方式有时会使他落后于TikTok中不断更新的潮流。然而，他依然很受观众欢迎，也越来越受到广告商的青睐。在我采访他的前几个月，一些广告商曾接触克拉克，问他是否愿意在视频中推广自己的产品。他说："做广告赚钱不是一件大事，当然也不足以被当作一项事业。

但是，现在有越来越多的人让我通过拍视频赚钱。"这使得他重新考虑在新冠肺炎疫情得到缓解后情况会怎么样。"你永远都无法知道未来会发生什么。如果情况持续下去，我可能就不会再回去做商业分析师了。"

第四部分

走进字节跳动

第20章
张一鸣的杰作

字节跳动是开放、独立、奋进的,就像它的创始人一样。字节跳动总部位于北京市市中心,从这一地理位置就可一窥它的野心。如果你想知道一家公司在中国的地位,只需要看一看它的办公场所的地理位置。一座拥有2 000多万常住人口的庞大城市在通勤方面并不便利。北京的早高峰期开始于早上5点,而这是因为整座城市的平均通勤距离为26千米。苦于高峰期拥堵的路面交通与拥挤的地铁线路,一个普通打工人可能需要花费超过两个小时往返于公司与居住地之间。有些打工人甚至每天需要花费6个小时。

市中心的交通极为便利,在这附近工作就是一种福利。字节跳动的北京总部位于从市中心向外延伸的三环与四环之间。如果你原本住在市郊,那么缩短通勤时间就意味着高额的开销。因此,字节跳动的工资远高于中国其他科技公司,员工可以轻松地支付市中心附近的房租，这有助于缩短通勤时间。

在中国科技领域，字节跳动因工资高而出名。多数科技公司只会开出比员工上一份工作稍高一些的薪酬，而字节跳动会根据当前的市场动态支付薪酬，薪酬开销巨大（员工也有机会通过良好的绩效赚取8倍于年薪的奖金）。如同在西方国家一样，字节跳动通过开出具有竞争力的薪酬，设法从诸如腾讯、百度这些先于字节跳动创立的中国科技巨头中挖掘人才。许多人被许诺升职，并且在加薪的基础上获得管理团队的机会。2017年，字节跳动甚至给出股票期权，这对于那些愿意相信公司未来可期的人而言，是一个可能带来丰厚利润的诱人提议（如今，公司所给出的股票期权已回到资深员工手中）。与谷歌、脸书和其他硅谷公司一样，字节跳动的员工一天有三顿正餐，并且随时有零食可吃。据说，字节跳动的伙食很不错。

字节跳动的开放性源于"字节范儿原则"，这一原则为所有员工所遵循，它也是企业文化的重要组成部分。公司鼓励所有员工和管理人员参与进来，寻找与自己不同的观点；不断拓宽视野以寻求最佳解决方案；承担起责任与风险，并打破陈规，每个人都要有大局观，并在此基础上解决问题；每个人都要敢于说真话，避免"取悦领导者"。

中国企业的文化是，如果员工从其他同事那里学到一些东西，他们就会用"老师"或其他敬语称呼对方。尽管如此，张一鸣还是希望员工喊他的名字，而非姓氏。他只是单纯地喜欢"一鸣"这个称呼。在一个以等级分明为主流的文化与商业世界中，张一鸣建立起了一个基本实现人人平等的地方——字节跳动。

2019年4月，一位员工入职字节跳动北京总公司，他至今仍在那里工作。初入字节跳动，公司快速的工作节奏与扁平化的等级制度让他十分惊讶。Lark是一款由字节跳动研发的内部办公通信系统，自研发完成之日起，该软件就面向公众开放。员工可以通过该软件与公司中的任何人取得联系，并且直接与对方沟通。如果你想，你甚至可以私信张一鸣本人。

"这家公司具有开放性的工作氛围。"这位员工说，"这里的确存在领导者，但我感觉，领导者十分愿意听取员工的意见。"（在后文中我们将会看到，并非所有人都认同这一观点。）

在对外交往的过程中，这种开放性同样存在。不同于YouTube对媒体的冷漠态度，字节跳动会主动寻求媒体的支持。2019年圣诞节前的两天，我曾设法采访TikTok英国区总经理，并在采访开始前4个小时才通知对方。而在采访YouTube同级别管理人员之前，我耗费了数年时间多次提出采访请求，其中的多数请求都被拒绝了。

字节跳动始终保持着思想的独立性。从TikTok诞生之前对短视频应用市场的评估可以看出，字节跳动不满足于现有模式，它在不断地进行探索与挑战。

强烈的职业道德推动着字节跳动不断前行。在许多方面，字节跳动可能都不同于其他中国公司，它遵循"996"的工作制度，即从早上9点工作到晚上9点，一周工作6天。"大小周"工作制也是字节跳动的员工排班系统所遵循的方式。"这真的很辛苦，"一名员工说，"去年，除了周末，我每天都要工作12个小时。对一些人而言，在这里工作半年或一年没问题，但是要工作两三年就是一件十分艰难的事情。"（如果晚上10点之后才结束工作，字节跳动会为员工提供回家路途的出租车补贴。在这种辛苦的工作环境中，它是一种安慰。）这样看来，字节跳动拥有巨大的员工轮转率也在情理之中。字节跳动定期招聘大量新员工。无论何时，字节跳动官网上都有约1 200个岗位需求。源源不断的前字节跳动员工重新进入就业市场，并寻找一份节奏较慢的工作，尽管他们曾工作的地方是世界上最热门的科技公司之一，尽管他们可以从这里获得文化与职业声望。

部分原因在于，张一鸣既采用了西方工作方式中最具生产力的要素，又采用了中国工作方式中最具生产力的要素。除了"996"这一核心要素之外，字节跳动还吸收了OKR（目标和关键结果）这一以目标为导向的商业精神。字节跳动在运营的第二年，便从谷歌那里吸收了OKR，即每两个月给员工设定一次目标，员工需要达成这些目标。从目标达成之时起，公司就会给员工设定一套全新的目标。就像仓鼠的轮子一样必须不停转动，字节跳动的员工也不能停下脚步。即使在工作状态最佳之时，员工也可能会对未来感到迷惘，而许多人无法挺过这一关。一名员工匆匆投身于英国分部的几个大项目，并于几周后离职。他觉得，他被要求实现难以实现的目标，却无人告诉他该怎么做。

张一鸣十分欣赏谷歌，因此字节跳动北京办公室还吸收了谷歌的其他工作方法。墙壁海报上的励志语句来自与脸书有关的书籍，比如"领导者开创事业"，也来自耐克创始人菲尔·奈特的自传《鞋狗》，以及谷歌前首席执行官埃里克·施密特所著的《成就》。张一鸣每两个月召开一次全体员工会议，这也是从谷歌借鉴而来的。他也十分希望了解用户的背景：他不仅培养了其人工智能算法探察用户需求的能力，还要求自己的员工使用 TikTok。他鼓励员工在 TikTok 平台上创建账户并发布视频。曾有一段时间，他甚至为员工设定目标，要求他们达到一定的点赞数量，如果他们没有达到既定目标，就要做俯卧撑。（TikTok 的人工智能十分强大，以至于员工在接受内部公开访谈时，被要求描述他们的"发现"页面上的视频类型，以此深入了解这名员工。）

字节跳动将其企业精神总结为"情境优先于控制"①。张一鸣对这一精神的解释是：他不希望自己一一过问所有决定，而是希望每一名员工可以根据公司从用户处收集的海量数据自行做出决

---

① 原文为：context over control。而张一鸣原话实为：context, not control。——译者注

定。普通员工如果认为现有数据足以支撑自己的想法，并且认为某项产品具有研发潜力，那么他们就可以研发新产品或者新特性，而无须受到过多监督。这项制度旨在最大限度地鼓励创新。尽管公司十分清楚，有许多想法都难以实现，但仍然选择推行此项制度。不过，还是有些想法成功实现，并成为字节跳动的主打产品。有些员工认为，这一制度为公司营造了一种率性而为的氛围。另一些员工则认为，这会造成无人领导的混乱局面：你要么紧紧攀着从小径上滚落的失控巨石不放，并在事情解决之后，试着弄清楚自己为什么要这样做；要么就被巨石压垮。

我曾采访过的一些人认为，为总部位于中国的公司工作具有难度，因为许多关键决策人扎根中国。一位伦敦办公室的员工认为，由于语言障碍，与中国人一起工作可能比较麻烦，他们的团队计划进一步弱化与北京总部之间的联系。他所在的团队，一半员工在英国，另一半员工在中国。一位美国办公室的员工称，他经常在凌晨两三点收到中国同事用字节跳动的内部通信系统 Lark 发来的消息。"中国员工完全没有平衡工作与生活的概念。"他们说。他们认为，在入职时，公司就淡化了东西方文化的差异。"总体而言，我认为 TikTok 仍然非常中式。"

Glassdoor 是一个员工可以对其所在公司进行匿名评价的网站。一打开 Glassdoor，你就会看到员工对 TikTok 的满意度普遍很高。每 10 名员工中就有 4 名会推荐他们的朋友加入 TikTok。

但是再往下挖掘，你就会看到裂痕。TikTok 的招聘过程似乎并不总是十分友好。有很多对公司面试过程的负面评价，主要是公司会从应聘者那里打探竞争对手的信息，并且对待潜在员工的方式较为无理。那些成功进入公司的人称，他们的经历好坏参半，而有些员工认为自己在这里并不自由。

第 21 章
成长之痛

字节跳动通过将北京代码中心这一"火车头"与境外分部这些"车轮"联系起来，实现海外扩张。虽然"火车头"动力十足，但有时"车轮"会转向不同的方向，这使得北京总部和张一鸣商业帝国下的其他员工感到沮丧。

2021年时，字节跳动总共在全球126座城市设有分部，员工数量达到10万人。早期，当字节跳动在某一国家设立分部时，分部的主要决策者都是中国人，并且他们都是公司的核心高管。当它逐渐希望在目标国家站稳脚跟时，公司便开始雇用当地人加入管理层。这既是为了确保各分部能够在当地长期存续，也可能是为了应对政客们对中国企业进入本国市场的过分恐惧而采取的有效手段。

字节跳动运营的公司具有相似的结构，它们均拥有区域中心和国家中心。你可以在其官网上看到一个简化版的公司结构图，从图中可以看出公司管理力量的分配方式以及地理位置。结构图的最顶端是位于开曼群岛的字节跳动有限公司。（如果字节跳动的 10 万名员工都在这里工作，那么开曼群岛将需要建造比目前多得多的基础设施。当一位《纽约时报》记者询问字节跳动发言人，有多少员工在这座 264 平方千米的避税天堂工作时，该发言人避而不答。）

在前述公司之下，是总部位于中国香港的字节跳动（香港）有限公司，它名义上管理着所有中国应用程序的核心经营实体。位于开曼群岛的字节跳动有限公司，是一家管控着那些在中国之外运营公司旗舰应用程序的独立公司。其中，两家公司位于美国，一家是运营 TikTok 的有限责任公司，另一家是管理其他应用程序的字节跳动股份有限公司，而另外三家公司则位于其他国家。TikTok KK 公司管理日本的应用程序，新加坡的 TikTok 私人有限公司管理东南亚的应用程序，而注册于伦敦的 TikTok 英国信息科技有限责任公司，则是字节跳动的欧洲分公司。

公司反复提醒位于北京的员工，他们正在为一项全球性事业而奋斗。中国总部的字节跳动员工有一个群聊小组，境外 TikTok 用户制作的视频会被推送到群里。来自美国、英国、巴西和越南的视频填满了屏幕，提醒着员工：他们不仅仅是在为中国用户开发应用程序。张一鸣告诉记者："这种做法会让你意识到世界的庞大，从而拓宽自己的视野。"

为了实现国际理想和抱负，张一鸣并没有一直待在字节跳动的北京总部。2019年，他奔波于世界各地，每3天中都有两天在旅途中。据说他特别喜欢去各地的博物馆观看展览，还喜欢伦敦西区的音乐剧。在前往印度时，他还逛了德里的迪利哈特集市，仔细考察了贩卖来自印度各邦的手工艺品摊位，试图了解市场情况以及当地人的需求。为了将TikTok扩展到欧洲，他借宿在一位朋友位于巴黎的公寓里，与他共挤一张床，并在巴黎街道闲逛，试图了解欧洲文化。在2020年3月公司的8周年纪念日时，他在致员工的一封信中写道，他会争取在未来3年，走遍所有字节跳动拥有办公室的地区，以"了解公司，也学习当地文化"。在新冠肺炎疫情中断世界交通之前，张一鸣原本计划在2020年走访更多地区。张一鸣告诉记者，穿过机场候机楼并踏入一个（未曾涉足的）全新地区，是一种"了解更多文化"的方式。

公司鼓励海外员工学习公司的开放性和进取心。但是，当许多工作来自北京总部时，分部很难具有独立性。

一位在网红营销方面拥有丰富经验的字节跳动前美国员工，在公司系统中苦苦挣扎。这一系统似乎赋予了他们自主决定权，但实际上，他们必须向与美国团队同步运营的中国团队汇报工作。

他们说："许多人会碰壁。"他们团队的负责人是一个美国人。他们团队将网络名人引入今日头条美国版 TopBuzz。严格说来，这位负责人也管理着中国的相应团队，而中国团队负责开发该应用程序的新功能。大部分的工程师团队在字节跳动北京总部办公，而程序员则由各个部门共享。这就是"中间办公室"，它会同时为不同的应用程序工作，推出的功能可以同时适用于不同的应用程序。"公司想要充分利用资源，以更加高效地工作。"一位现任字节跳动员工如是说。（这就是对应的应用程序看起来如此相似的原因之一，比如国外的 TikTok 和国内的抖音。）然而，也许因为中国团队距离位于北京总部的总负责人更近，团队成员常常会越过美国分部的负责人直接做出决定。最终，TopBuzz 的负责人选择放弃，并听凭他在中国公司的手下做出决定。

公司计划让美国的 TopBuzz 完全复制今日头条在中国取得的成功，在这一点上，中国团队与美国团队也未能达成一致，因为公司并未意识到中美两个市场之间存在差异。这位前员工的上司曾参观了北京办公室，当地员工自豪地向他展示了一堵挂满照片的墙，上面都是当时在今日头条上红极一时的网络名人的照片，他们是公司的支柱。这位上司希望美国市场也能业绩斐然，结果却让他大失所望。"网络名人的发展态势在中美两国之间脱节了。"他们说。并不是说团队没有尝试过引进网络名人：美国的 TopBuzz 团队获得了 350 万美元的年度预算，以用于为该应用程序引进网络名人。创作者只需要在应用程序上发布文章，就可每月赚取500美元或1 000美元。此外，作者还可以通过文章浏览量获得绩效奖金，这笔奖金的数额可能高达数千美元。

下班后，在洛杉矶字节跳动的食堂里，这位前员工和他的同事互相倾吐自己的遭遇，他们认为自己的努力不被中国同事所认可或理解，而他们为TikTok在美国的发展做出了贡献。

第 22 章
与阿尼^① 一起成名

有些餐厅和外卖店的老板喜欢把装裱起来的知名顾客的照片挂在墙上，以起到宣传作用，因为一点点明星的印记就可以让餐馆的生意好很久。对于 TikTok 而言，2019 年 3 月 16 日的早晨是一个重要的时刻。一位昔日以其肌肉和机器人扮相闻名，之后成为政客的电影明星，让洛杉矶 TikTok 团队欢欣鼓舞。

那天早上，公司员工打开 TikTok，看到阿诺德·施瓦辛格正在家庭健身房中，借助器械做肱二头肌卷曲，背景音乐是 The Weather Girls（天气女孩组合）的《It's Raining Men》(《天上在下男人雨》)。视频中，这位年事渐高的好莱坞动作明星一边把杠铃举到与面部平行，一边抬起下巴，并最终面向镜头，挑起眉毛，这是一种激励，也是 TikTok 地位的象征。TikTok 成功了。

---

① 阿尼（Arnie）是粉丝对阿诺德·施瓦辛格的昵称。——译者注

施瓦辛格是一位不寻常的TikTok主播。再过几个月，他就72岁了，他的年龄远超TikTok用户的平均年龄。他曾是一位政治家，也曾是一位好莱坞明星，这样的人往往不太会进入社交媒体平台。据当时在TikTok工作的一名员工说，这是TikTok在美国取得的第一次"纯粹意义上的胜利"。更妙的是，这位前加利福尼亚州州长是主动加入TikTok的。无论是在台前还是幕后，只要有知名人士愿意加入TikTok，公司就会不吝花钱。对于这样一家公司而言，施瓦辛格的加入可谓高光时刻。

这标志着TikTok已经有了自己的发展动力，这种动力十分强大，甚至可以摆脱它那原本受控的、人为的发展模式。连像施瓦辛格这样的人，都不仅知道了TikTok的存在，而且觉得自己确有必要花费时间下载并注册这款应用程序，然后发布视频，这个成就意味良多。美国团队喜出望外。"他只是决心去做这件事，并且从中获取快乐。"一位前员工说，"这是第一次，我们不必事先安排好一切。我们不必向公众宣传某人在TikTok上做了某件事，或者进行其他宣传。这就像有一天，当你醒来时，发现阿诺德·施瓦辛格发布了一个TikTok视频，而人人都在说：'阿诺德·施瓦辛格刚刚使用了这款新应用程序。'"

这证明美国团队是正确的。在与中国团队的较量中，他们一直无法获胜。中国团队正试图以各种方式吸引用户，比如他们曾提议举行抽奖活动。这也与TikTok之前试图招募一些主流名人的做法相去甚远。这种做法更好，因为不用花钱。

阿诺德·施瓦辛格被美国员工视为 TikTok 中的贵族。而真正的美国排行榜前几名的说唱歌手、前脱衣舞娘卡迪·B 的所作所为则正好与施瓦辛格的行为相反。

为了让卡迪·B 加入 TikTok，公司花费了大量的时间、精力和金钱。为了让其在 2018 年 1 月发布视频，据说 TikTok 投入了近百万美元。但视频发布之后，却让人大失所望。

这未必是她的错。据知情人士透露，她所签订的合同内容很简单。她只需要在 TikTok 上发布视频，就能得到一大笔钱。而合同中几乎没有对她所发布视频的具体类型进行约定。既没有约定她应何时发布视频，也没有约定她应发布何种内容，甚至没有约定该视频是否可以同时被发布在其他社交媒体平台上。卡迪·B 在两周内发布了 6 段毫无意义的视频，其中有一个视频是转发的其他人在其他社交媒体平台上所发布的视频，另外两个视频过了 1 个月才发布，最后两个视频则过了 9 个月才发布。对于中国公司市场营销部而言，卡迪·B 的这些举动或者其他出乎预料的情况，都没什么关系。他们不希望明星与平台之间建立密切联系，或者没有考虑到这种联系的重要性。他们只是想要宣传这位歌手入驻了平台。

对于美国员工来说，执行北京总部的命令存在诸多问题。他们认为，中国团队的做法可谓是凿枘不投。TikTok 在中国取得了成功，中国团队就将这一模式套用于其他国家，但这样做很难取得同样的效果。他们认为，中国团队忽视了对当地情况的了解。中国团队的级别比他们高，并且由于他们在北京总部工作，离主要决策者更近，那些决策者更容易听取中国团队的意见。组织理念的不同，使前述问题更为突出。

一位字节跳动的前员工说，在西方，招聘员工时主要考虑他们的经验、技能以及他们可以胜任此项工作的可靠证明。而根据这位员工在中国公司工作的经历，中国老板采用了完全不同的方式："你懂的，只要投入一些充满激情的员工和一定的资金，一切难题就会迎刃而解。"员工举了一个可能发生的例子，他们强调，这与字节跳动全球性扩张初期的混乱情况密不可分。公司可以让一个25岁的员工在北京负责全球用户获取，他能够管理数百万美元的预算，然而他没有任何用户获取方面的经验。（员工还分享了这样一个商战故事：一位女士成功地让一个收视率很高的中国电视选秀节目与抖音联动，她因此成了抖音全球市场营销部的负责人。她负责在全球复制这个成功的案例，但是所获收益在不断减少。）鉴于前述例子与真实情况相去不远，可以很容易地看出，公司花费近百万美元雇用一位对平台毫无兴趣的说唱歌手，也就不足为奇了。这位歌手随便发布几段视频之后就再也不使用TikTok了。

这些经历让公司付出了代价。早期，像卡迪·B这样经过人为设计却惨遭失败的案例要远多于像施瓦辛格这样自然而然发展却成功了的案例。此外，体量虽小但好强的美国办公室总是被北京总部施压，员工对此感到气愤，这意味着美国字节跳动的成长并不总是令人愉悦的。卡迪·B不情不愿地回归了TikTok，根据合同约定，卡迪·B必须为一场由TikTok赞助的比赛代言，比赛中的优胜者可以赢得两场音乐节的VIP门票、一次迪士尼旅游、一部智能手机、一些服装以及TikTok品牌好物。字节跳动开展了一次员工满意度调查，调查结果发人深省。几乎所有需要向北京高管汇报的海外员工的满意度都较低。

从那以后，情况有所改变，大部分TikTok员工的满意度有所提升。正如我们将要看到的那样，较之当地员工，北京总部的员工不大可能更熟悉美国中产阶级的文化品位。字节跳动开始逐渐意识到，西方的TikTok并不能亦步亦趋地复制中国抖音的成功。

第 23 章
审查制度：东西方的差异

字节跳动知道，它无法让全球用户都看到相同的内容。

在由字节跳动提供给 TikTok 审核员的内部文件上，概述了不允许出现在平台上的内容。在 2019 年 5 月政策改变前，TikTok 一直都不推荐包含政治人物形象的视频，除非这些政治人物"处于私人场合或正以私人名义行事"。系统不推荐视频就会阻止其传播，这意味着除非人们主动搜索某一用户的视频，否则无法在"发现"页面上看到它，而浏览"发现"页面是人们使用 TikTok 的主要方式。任何关于在其他国家发生的政治敏感事件的内容，均被标记为"仅用户个人可见"状态。这意味着用户不会意识到，他们可以在 TikTok 上看到自己发布的视频，而别人却无法观看。2019 年 9 月，审查制度发生了变化，从对 TikTok 的全球性禁令转变为对审核员的指令，即审核员根据不同地区的敏感度，评估规则的具体执行方式。之前的审查制度

"并非有效的做法",TikTok对《卫报》说,这也是当一个平台旨在从单一国家发展成超越国界的跨国组织时,所必须承受的成长之痛。一位发言人说:"当2018年TikTok开始向全球扩张时,我们意识到这并非正确的做法。我们逐渐给予各地团队更大的权限,因为它们对当地市场具有更为细致、深入的了解。"

据在TikTok欧洲审查团队工作的人士透露,在8小时的工作时间内,他们每个人要审查约1 000个被发布在TikTok上的视频。当我询问TikTok欧洲、中东和非洲地区的信任与安全主管科马克·基南能否在一天之内对1 000个视频实行严格审查时,他回避了这一问题。考虑到休息时间和注意力的逐渐分散,审核员仅有不到30秒的时间决定某个视频是否违反了TikTok的规定。对于"打擦边球"的内容,审核员可能需要花费数分钟时间做出决定,这意味着他们可能会迅速审阅其他视频。公司也不鼓励他们观看整个视频:公司告诉他们,除非他们认为确实需要仔细观看某一视频,否则他们应该跳跃式地观看单个画面,而无须听声音。

令TikTok头疼的是,世界上很多国家对政策的要求可能有所差异。关于性取向和性别认同的视频,需要遵守相应的内容审查制度。具体而言,公司建议内容审核员给类似视频添加"危险标签",该标签是为那些可以使用TikTok的、更为保守的国家设计的,以提示视频中包含可疑内容。在相对保守的国家,被打上

"危险标签"的视频不会出现在"发现"页面之中。TikTok 称，这是出于对用户的安全考虑。TikTok 这种过度审查的方式可能比较怪异。卡罗莱娜·阿雷博士曾做过相关研究，比如为什么世界上一些用户最多的应用程序会对女性进行审查，而阿雷博士自己就是 TikTok 发布的某些禁令的受害者。这种禁令是由敏感的观众所引发的，只因为他们不喜欢女性所发布的穿着衣服跳钢管舞的视频。许多人都能够看得出其中的讽刺意味。

另一个典型例子就是 TikTok 的各种滤镜。打开任何一款社交媒体应用程序，你都会看到一大群对自己的身材感到得意的人，他们摆出完美的造型，用自拍照展示自己。部分照片是在一些小工具的辅助下拍摄出来的，例如环形灯拥有柔和的光晕，人们可以购买它并将之连接到智能手机上。它可以为颧骨和下巴完美打光，抚平现实中的不完美。一系列的修图软件弥补、掩盖了照片中的不完美之处，这使得照片中的人所呈现的并非原本的模样。

TikTok 意识到，应当纠正应用程序在使用过程中存在的一些问题。2020 年 3 月，为了对美国政治环境中日益浓厚的敌意进行回击，TikTok 宣布将成立一个独立委员会，"就 TikTok 政策和实践提出坦率的看法和意见"。戴维·瑞恩·波尔加是一位科技伦理学家。2019 年 12 月，TikTok 与他联系，邀请他前往伦敦，与公司高管一起探讨如何改进内容审核方式。TikTok 会报销他的全部出行费用，包括所有日常开销和路费。他已为诸多公司提供相关建议。"我对这方面问题往往直言不讳，"波尔加说，"我一向认为，（科技公司）拥有过高的权力，它们一直被大量权力推着向前，然而它们并没有足够的能力来合理运用这些权力。"

他认为科技公司的地位很奇怪："目前，这些民营企业可以行使传统上属于政府监管范畴的权力……我认为，这些公司看到了这一趋势，并希望牢牢把握住它。"他与委员会其他成员的任务是指出 TikTok 可能遇到的问题，了解作为平台的 TikTok 可能面临的困难，并提出相应的解决措施。年轻的创作者与年迈的用户对同一视频的看法有所不同，委员会已就该问题展开讨论。一段在 15 岁女孩眼中俏皮、欢乐而纯真的舞蹈，在年长观众眼中可能会显得过于露骨。如何处理这些关于同一视频的不同看法呢？你是否会限制这些视频的传播范围，以避免对其怀有恶意的评价者可能造成的危害？不过对于并无恶意的视频制作者而言，这种做法是否有失公平？波尔加说："你不要暗示自己从某一特定角度来看待某一问题。我认为，在思考某一问题时，不应只考虑信息的展示方式，也要考虑信息如何被接收，以及如何改变创作者与观众之间的互动。"他表示，这一政策正在推行中。

对于 TikTok 来说，内容审查之所以很难，在很大程度上是因为这很复杂，受多种因素的影响。TikTok 是一家深深根植于中华文化、立足于中国社会准则的公司，它正努力开阔自己的视野，以更好地理解现实中存在的不同观点。对于中国用户可以接受的事物，美国用户会持有截然不同的观点。而相比于其他国家，印度用户可能对某些问题更加敏感。对于这样的一家公司而言，处理前述文化差异具有一定的挑战性。

到目前为止，社区审核员的工作仍然是确定在世界各个地区，比如在拉丁美洲，哪些内容可以播出，而哪些内容不可以播出。这些决定是在字节跳动北京办公室拥挤的共享办公桌前做出的。没错，审核员通常是一些来自所审核国家的、以当地语言为母语的人，不过他们搬到了中国，并在中华文化的熏陶下开展工作。2021年6月，科马克·基南告诉我，TikTok的1万名全球内容审核员都不在北京工作。他说："我们有一项全球性战略，目前我们正在为世界各地的审核员建立工作场所。"然而，他不能准确回答出最后一位TikTok内容审核员是何时搬离中国的。

审核还会带来其他问题，比如文化冲突引发的问题，就像张一鸣希望建立一家像谷歌那样没有国界的公司这一梦想与现实之间的冲突。一位前员工认为，字节跳动在内容和文化上的决策失误，与其过快的成功有很大关系。"如果我本人不在中国，并且从未深入了解过这一国家，我就不会尝试在自己的国家远程经营一家总部位于中国的公司。"他说，"TikTok的确给不少员工的工作带来了困扰，特别是美国员工。不过TikTok的产品确实很棒。"

聚焦创作者：火花与蛋挞

姓名：丹尼·哈里斯

用户名：@sparksandtarts

关注：14

粉丝：6.8 万

获赞数：50.15 万

特色：在建筑工地跳舞，穿着反光夹克

  当丹尼·哈里斯开始在伦敦市中心考文特花园的一个建筑工地工作时，他并没有想过要成为一名 TikTok 明星。在那时，他还没有听说过这款应用程序。2019 年底，一位同事在休息时走进了办公室，并让几个同事看了一些他们可能感兴趣的视频，自此，他们就爱上了 TikTok。他们为那些精心编排、精心配乐的舞蹈而着迷，更妙的是，他们认为自己可以做得更好。

  一开始，这只是个玩笑。但是那些偷听过蓝领工人之间闲聊的人都知道，一旦某位工人夸下了海口，他就必须实现它。其他工人嘲笑着他的夸夸其谈，之后又怂恿他采取行动。35 岁的哈里斯说："这个视频是在一定的推动下完成的。"于是，一小群头戴安全帽，身穿反光背心和夹克的工人，放下了工具，整齐划一地跳起了舞。

在第一个视频中，哈里斯与他的4个同事伴着音乐剧《完美音调》的旋律，跳着简单且时髦的方形舞，该视频在第一个月就被观看了上百万次。当哈里斯去建筑工地沿街的面包店吃午饭时，有人认出了他。

在自豪感与社交媒体热度的诱惑下，一些对此事持怀疑态度的同事也出现在了镜头前。就这样，十几个人在休息时间聚在一起，一边喝着保温杯和马克杯里的建筑工人茶饮，一边策划着下一个热门视频的脚本。在聊天群中，他们不断分享着可以进行表演的舞蹈的视频链接。最投入的成员在双休日时甚至会在家中与孩子们一起编排舞步，并发送遮挡住舞步的视频文件，以鼓励其他同事记住舞步。他们成了网络名人，被称为"火花与蛋挞"，其中包含了他们的工人身份，以及对他们精彩视频的俏皮致意。

在人们的刻板印象中，一群成年男性本应更喜欢对着路过的女性吹口哨，而不会为了娱乐上百万线上观众而蹦蹦跳跳。如果你觉得这有些不同寻常，那你就抓住了问题的关键。"我们尽可能去做那些最愚蠢、最怪异的事，"哈里斯说，"这正在打破某些人对穿制服者的刻板印象。说起来似乎显得很没用，我们谁也不会像大猩猩那样笨拙地行走。"通过装傻，挑着眉毛跳舞，以及摆出各种奇怪造型，他们正在打破常规。

对他们而言，成功尚未来临，第一个品牌合作仅是个意外之喜。一家饮料公司给他们寄了一些商品，随后一家反光服饰公司联系了他们，希望他们在视频中穿上该公司生产的服饰。"当你意识到有多少人正在观看你的视频时，你真的会沉浸其中，"哈里斯说，"你真的会与之产生共鸣。"

第五部分

TikTok 的创造力与改变力

第 24 章
改变音乐的含义

TikTok 已经以显而易见的方式渗入了各种文化,而它最大的影响可能体现在音乐上。黑胶唱片让位给了磁带,磁带又被 CD 取代,而这一切又被数字音乐下载和流媒体的主导地位所取代,音乐产业在盈利的道路上举步维艰。在丧失了出门购买实体专辑或单曲的动力后,主流音乐节目已经从电视指南中消失了——美国音乐电视频道(MTV)从一个播放音乐录像的频道转变为一个无休止地循环播放真人秀的频道。

创作者不得不满世界地游历,将自己从一个千篇一律的舞台强拽到另一个平平无奇的舞台,才能勉强维持生计。在 TikTok 之前,没有合适的短视频媒体可以用来宣传他们的新作品,他们只能依靠自己的核心听众,却很难吸引到新的听众。

胡里坎作为一个在音乐行业内摸爬滚打多年的行家,完全有资格对此发表评论。21 世纪初,他已在 MTV 工作了 10 年,然后跳槽到YouTube担任音乐策划主管，后来在纽约担任YouTube国际艺术家营销主管。与许多身处异国他乡的外籍人士一样，他是时候决定自己和家人要在哪里安度余生了，2019年，他飞回英国寻找新工作。

2019年10月8日，他参加了TikTok组织的一次工作面试。当天早些时候，他正投身于行业杂志《音乐周报》于伦敦北格林尼治体育馆举办的活动。《音乐周报》第二届年度技术峰会正在举行，行业知名人士在此会面，探讨技术如何改变音乐，以及音乐如何与技术互动。

胡里坎已经看到了Musical.ly和TikTok对音乐行业的影响。在这次会议上，他无法忽视TikTok。"《音乐周报》技术会议上的每一次讨论都变成了关于TikTok的讨论。"他回忆道。面试时间到了，他急忙跑到体育馆的一个角落。"我决定加入TikTok，"他说，"这是我想做的事情。"

原因很简单。自2019年11月起，胡里坎一直负责TikTok在英国的音乐业务，他有一种预感，这款应用程序会大获成功。峰会上喋喋不休的场外讨论使他更加明确了这一点。TikTok"基本上重塑了人们相互沟通的方式，"他说，"它是将事物结合在一起的完美创意媒介。"这一点在数据中得到了证实。根据TikTok提供的内部调查数据，80%的TikTok用户表示，他们访问该款应用程序是为了发现新的音乐。

胡里坎说，TikTok 上的用户不仅能听到一小段歌曲，而且这段歌曲能与吸引人眼球的视频内容相匹配，这种极具吸引力的方式使他们希望能够听到更多音乐。这促使他们去寻找歌曲本身，并了解更多关于创作者的信息。正是出于此种原因，TikTok 认为自己与音乐行业是合作共赢的关系，而非成为其竞争对手。胡里坎表示："TikTok 是非常重要的添加剂，而不是在与音乐产业相互厮杀。"

第 25 章
音乐人的故事

妮琪·米娜已经制作了 16 年音乐。这位在特立尼达和多巴哥出生、在纽约长大的歌手，自 2004 年第一次专业创作音乐曲目以来，已经贡献了很多耳熟能详的歌曲，但从未在美国流行音乐排行榜的公告牌百强单曲榜中获得过冠军。阿玛拉·拉特纳·赞迪勒·德拉米尼以豆荚猫（Doja Cat）的昵称闻名。她为自己的第一首榜单歌曲等待了近 7 年时间。这首歌曲于 2020 年 5 月 11 日发布时，获得了极大的赞誉。《您早点说 Say So》在排行榜上一路高歌猛进，名列榜首。原因很简单，就是 TikTok 的功劳。

自豆荚猫的《您早点说 Say So》中的一小部分片段由她的唱片公司上传至 TikTok 后，已被用于 2 000 多万个视频中。其中，TikTok 的大明星查莉·达梅里奥在圣诞节前一周内至少在 5 段视频中使用了该歌曲。达梅里奥多次发布她为这首歌编排的舞蹈视频，这些视频被她的粉丝点赞了超过 2 000 万次。这些视频将这首歌推向了公众的视野。这是由雅各布·佩斯完成的任务，这位 22 岁的年轻人策划了这次巨大的成功。

佩斯从 14 岁时开始涉足音乐行业，他为了推广自己的音乐建立了一个 YouTube 频道。不久之后，他又成立了一家唱片公司，然后开始为一家唱片公司和一家公关公司运营社交媒体。16 岁时，他由于受雇于一家唱片公司，而离开了得克萨斯州的埃尔帕索，到达洛杉矶，负责该公司的艺术家和剧目业务发展以及营销工作。18 岁时，他在 Musical.ly 上偶然发现了 Flighthouse 这个很受欢迎的账号。佩斯注意到，这是 Musical.ly 上少有的大型机构账户之一。它汇编了音乐，而佩斯意识到了它的与众不同。Musical.ly 上的许多其他页面属于个人账号，它们很难脱颖而出，但 Flighthouse 是一个品牌。佩斯就职的公司收购了它，并把它交给佩斯经营。他说："TikTok 流行开来后，我们取得了不错的成果。"他的声音听起来比年轻时更加成熟。他把 Flighthouse 发展成为 TikTok 的第十五大账户，并围绕 Flighthouse 品牌成立了一个营销机构。豆荚猫便是由该机构帮助的、在 TikTok 上成名的歌手之一。

"这是一种让观众发现和参与音乐的好方法。"佩斯说道。该机构每月进行 20~30 次音乐投放，其中就包括豆荚猫的曲目。

在唱片公司向佩斯和 Flighthouse 发送唱片后，该公司听了这首曲子，找出其中最有可能在TikTok上走红的元素，作为用户录制视频的素材。然后，它构思了一个与视频相关的流行趋势（可能是舞蹈、反应或短剧）并将其发回给唱片公司。一旦得到唱片公司的授权，Flighthouse就会将这一流行趋势发送给与其合作的大V，让他们在应用程序上推出，从10~20个大V开始。"我们会发给他们这首歌，让他们评估是否有可能广为流传，如果没有流传的可能性，我们会更新流行趋势的概念。"佩斯说，"我们的目标是看到走红的势头在何处。而衡量这一计划的标准是创建的视频数量。"

该计划是真实世界的A/B测试，这一测试的核心是为了确定A和B两个版本哪个更好，然后选择最好的版本使用。你可以借此看到某些东西会繁荣还是衰败，并相应地改变计划。普通用户在TikTok上看到10段配有这段音乐的网红视频后，反馈出100个普通用户用它制作的视频，但这并不代表成功，而是意味着Flighthouse需要重新筹划。但如果同样是10个由网络名人主播制作的视频，因而诞生了5万个来自普通用户的视频，这就是一种成功。佩斯说："这是我们加大资金投入的一个信号。"与Flighthouse开展的活动密切相关的人士说，唱片公司必须至少为每一个基本计划支付5万美元的费用。

世界其他地方也有类似的情况：唱片公司认识到TikTok在推动其艺术创作者打入排行榜中所展现的力量，并开始与能够帮助他们实现这一目标的公司进行交易。德国 JP 萨克斯的歌曲《If the World Was Ending》(《如果末日降临》)由茱莉亚·迈克尔斯参与合作，这是一首慵懒、忧郁的钢琴曲，讲述一个男人对一个女人的爱。这首歌曲于 2019 年 10 月发布，并被推送到 TikTok 上，在那里创建了一个标签（#IfTheWorldWasEnding）；并与一些与 Fanbytes① 合作的网络名人取得了联系，要求他们在自己发布的视频中使用这首歌。计划发布的视频时间是错开的，所以看起来很自然，取得了巨大的成功。使用该标签的视频被观看了 2 800 万次，有超过 70 万个视频被创作出来，创作者不仅有合作的网络名人，还有更多普通用户。Fanbytes 的计划从 5 000 英镑起步，并且如果是重要包装，则升级到大约 3 万英镑。这首歌一周内在英国官方单曲排行榜跃升了 25 位，排名第 16 位，而这一切都要归功于 TikTok。

如果你想要举一个因 TikTok 而改变生活的例子，只需要看看蒙太罗·拉马尔·希尔，这位 22 岁的年轻人以"Lil Nas X"这一艺名闻名于世。希尔在美国佐治亚州长大，在利西亚斯普林斯高中上学，直到 2017 年毕业。刚进入高中时，他热衷于使用包括 Vine 在内的各种社交媒体应用程序。高中毕业后，他决定上大学，学习计算机科学。在互联网最黑暗的角落里，一个孩子

---

① Fanbytes 是一家总部位于伦敦的内容营销机构，旗下共有 6 000 名网络名人。

花在计算机上的时间延长了，他开发出了只有最懂互联网的浏览器才能识别的古怪模型。希尔在大学里表现很好，但在上了一年学后就退学了。"我不想再去学校了。"他告诉《美国青少年时尚杂志》。辍学几个月后，他就在Sound Cloud上发布了首张个人专辑《Naserati》。Sound Cloud是一个音乐分享网站。

这张专辑没有受到多少关注，希尔的父母开始担心。他们有6个孩子，包括一个被监禁的儿子，他们担心大学辍学的希尔会很快走上同样的道路，希尔想成为一名音乐家的过程也是一波三折。父母说，他在手机上花了太多的时间，因此没有足够的时间去思考如果自己没有成功，未来应当怎么办。希尔搬到了他的姐姐家，他姐姐还收留了另一个妹妹。这次搬家给了希尔充分的自由，他进行了多次尝试，但仍然没有取得进展。他的姐姐开始觉得这种让两个弟弟妹妹和她的孩子们挤在同一个屋檐下的生活难以为继。于是她要求希尔找一个容身之处。他走到了老城路，并开始骑车逃跑，此后他的《乡村老街》一举成名，并像歌中唱的那样，越走越远。

后来，希尔独自一人全身心地投入制作更多的音乐中。他花时间在出售音乐的网站上滚动浏览样本编曲，以便为歌曲制作伴奏。在一个名为BeatStars的网站上，他注意到了一段由基奥瓦·鲁克马的19岁少年创作的伴奏。鲁克马以YoungKio为名，在BeatStars网站上很有名气，因为他发布了大量用音乐制作软件 FruityLoops 制作的伴奏。在鲁克马 16 岁时，一个朋友向他推荐了这款软件。此前，他曾为 YouTube 博主制作背景乐，赚了一些钱。

起初，鲁克马将自己制作的伴奏上传到 YouTube，有时是从更流行的曲目中抽取一种乐器演奏，并以 20 美元的租金出租。他寻找的每一首奇特的歌曲都有助于训练 YouTube 的算法，这种黑匣子式的计算机代码为用户提供了它认为他们会喜欢的视频音乐。直到有一天，九寸钉乐队的一首歌出现在了鲁克马的推荐视频列表中。

鲁克马从未听说过这支摇滚乐队，但他很喜欢这首歌曲中的班卓琴演奏。他立即想到可以对这首曲子进行选录，并将其转化成为各种歌曲伴奏的基调。他在班卓琴之外加上了鼓声，并将小样作为"未来型伴奏"发布到 BeatStars 上。希尔发现了这个伴奏并下载了它，花了大约 30 美元。他认为这段旋律代表了"一个悲伤的牛仔正在经历一些不幸的事情"，并认为这与他的生活经历有相似之处。作为交换，鲁克马将获得使用该伴奏制作的所有歌曲利润的 50%。希尔使用该伴奏制作的歌曲是《乡村老街》。

2018 年 12 月，希尔将其上传到 Sound Cloud，并遇到了与《Naserati》相同的问题。它在该网站上并没有获得多少吸引力，但在 TikTok 上却大获成功，它被选为一项名为"Yeehaw 挑战"的伴奏，人们在歌曲的伴奏下脱掉普通的衣服，换上牛仔靴。

《乡村老街》在 TikTok 上疯传，然后在全世界传播开来。几个月前还在困境中挣扎的希尔，现在仿佛站在了"世界之巅"。

这首歌被乡村明星比利·雷·赛勒斯重新混音，并在公告牌百强单曲榜上夺冠。"我非常感谢这种幸运的事能降临在我身上。"希尔在照片墙上发文庆祝，并以各种表情符号作为点缀，"这首歌在不到一年的时间里改变了我的生活和我看待周围世界的方式。"其他音乐人也看到了 TikTok 在推动他们成为明星方面的优势，但尚未得到与之相称的回报。

第 26 章
歌曲混剪

TikTok 不仅为新艺术家提供了谋生的机会。它也在改变音乐的含义。

一些艺术家不仅仅将音乐和视频结合在一起，还将已有的音乐以符合 TikTok 内在逻辑的方式结合在一起。

Vine 开始流行时，雅各布·费尔德曼只有十几岁。这位洛杉矶少年于 2014 年首次下载了这款应用程序，并享受了其无与伦比的创造力。他特别喜欢该网站中的音乐分区，而且会花好几个小时在计算机上编写他认为能够使人感兴趣的音乐程序。

费尔德曼开始看到自己的两个爱好的潜在交点。他以"大逆转"为名在该应用程序上创建了一个账户，并为自己设定了一个挑战：每天上传一首曲目，从一首歌曲无缝过渡到另一首。这个名字直截了当地解释了费尔德曼的构思。你可以体验到开始时听某一首歌，然后在跳过一个节拍时，就转到另一首歌的奇妙过程。这是出乎意料且有趣的。大逆转增加了他的人气。到Vine下线时，费尔德曼的账户有60万名粉丝。他用数字方式拼贴的歌曲创造的新东西，在视频中被使用了超过5亿次。

在Vine关闭之前，费尔德曼刚刚开始在波士顿的伯克利音乐学院学习，他发现了一款更适合他音乐天赋的软件。这款名为Musical.ly的应用程序在应用程序商店中的排名不断上升，这与费尔德曼的技能非常契合。因此，他开始在Musical.ly和Vine两个平台上发布同样的内容。他也有一个YouTube账户，他在那里发布了自己混剪的歌曲的完整版本，但他发现由于版权问题，他不值得总是花时间尝试上传。

费尔德曼最喜欢在他的"大逆转"账户中使用的歌曲之一是酱爆弟弟2007年的邪典（在小众圈子内被爱好者推崇的非主流文化）歌曲《Crank That》(《就酱跳》)。这首歌曲本身并没有很大的创造性：它旋律单调，歌词也没什么意义。但它是一首"洗脑"神曲，而且最重要的是，它的伴奏节拍很容易切换进出。

费尔德曼混剪歌曲的过程是半工业化的。他的计算机里有大量的歌曲目录，按每分钟的节拍和调性分类，并将相同调性和相同节奏的歌曲匹配起来。"事实上，我把酱爆弟弟的歌曲和其他流行歌曲混合在一起，比如单向组合的《Drag Me Down》(《击垮我》)。"费尔德曼说，"因为我每天都在制作，所以我必须每天都想一个新的东西，我把自己能想到的所有东西结合起来。"

他的音乐在 Musical.ly 上取得了一定的成功，但直到他的账户在并购后被自动转移到 TikTok，他的名气才真正被打响。费尔德曼已经创作了 TikTok 上一些极为常用的曲目，将一定数量的流行歌曲组合在一起，创造出一个新的曲目。其中一些的浏览量甚至超过了在 TikTok 上真正流行的最为热门的歌曲，如《乡村老街》。然而，费尔德曼从音乐中获得的收入总和每月不超过 100 美元，因为他不拥有他所融合的任何歌曲的版权。

许多人会认为这很公平。流行歌星和音乐家将他们生命中的数天、数周时间投入创作新歌中去，并为此承担着巨大的经济风险。费尔德曼只是把他已经知道的流行歌曲拼接在一起，然后用他的名字上传。然而，这仍然需要时间和精力，费尔德曼估计他在每个混搭上剪辑大约需要花费两个小时。而以"大逆转"为名的费尔德曼是 TikTok 的知名人士之一。在该平台上许多一炮而红的流行趋势都归功于他。他只是没有得到任何认可。而其他人也是在作为音乐家首次成名后很久才能得到这种认可。

第 27 章
单曲神话

马修·怀尔德是凭一首单曲一举成名的最佳案例。1983 年，他的《Break My Stride》（《打破我的脚步》）几次登上榜首。20 世纪 70 年代末，他一直作为一些成功歌手的伴唱。《Break My Stride》是一首欢快活泼的歌曲，这首歌的主题是"没有什么能打断我的步伐，也没有什么能让我慢下来"。这首歌是他对自己的前唱片公司爱丽斯塔的愤怒控诉，爱丽斯塔与怀尔德签了合同，但对他的事业贡献甚微。他出现在音乐电视节目中，并为未来的成功做好了准备，他等待着自己凭借后续作品再次大火。怀尔德继《Break My Stride》的后续作品《The Kid's American》（《这孩子是美国人》）的表现并不理想。他发行的第二张专辑失败了。在 25 年的大部分时间里，怀尔德只不过是一个邪典艺术家和一个相对无趣的酒吧测试问题的答案。

但这首歌和它背后的精神，为它赢得了第二春。2020 年，随着 TikTok 用户重新发现这首歌并开始在视频中使用它，《Break My Stride》卷土重来。起初，他们是通过发歌词短信的模式进行的，即一行一行地发歌词短信给自己的长辈，等着看他们是否明白。然后一些人就开始跟着副歌跳舞。怀尔德的哥哥第一次注意到《Break My Stride》在流行音乐的排行榜中飙升，是因为他在谷歌上设置了一个提醒，向他提示有关自己弟弟事业的一切报道。大约在同一时间，索尼唱片公司给怀尔德发了一条消息，问他是否注意到一群在他的歌大火后出生的年轻人开始在这个叫 TikTok 的奇怪应用程序上使用这首歌。

这对于这位 68 岁的老人来说是一个惊喜。他毅然同意建立自己的 TikTok 账户，并录制了一段视频，在视频中，他诡异地出现在有故障的绿色屏幕的"迷雾"中，裹着一条米白色的羽绒被，在短信背景前表演这首歌，这是对这首歌翻红的致敬。多年来，怀尔德第一次因在 TikTok 上的成功而再次登上音乐榜单。"所有东西都有如此长的生命力，能够重归大众视野并被反复欣赏，这说明我们能够做的事情是有深度的。"他告诉英国广播公司，"我很激动。如果说要超越这首歌，无疑是在夸大或者复制我自己，但我很激动。"

他不是唯一有此经历的人。正如玛丽亚·凯莉因雅各布·费尔德曼将她的圣诞经典歌曲《圣诞节我只要你》用在"大逆转"曲目中而迎来第二春一样，另一个引人注目的复兴正在德语版的 TikTok

上发生,尽管其被许多人所忽视。在圣诞节,德裔家庭非常喜欢团聚在一起,烤制饼干和蛋糕来庆祝节日。Weihnachtsbäckerei(圣诞烘焙)的流行趋势也延伸到了 TikTok,自 12 月 10 日以来,德语版 TikTok 上出现了 #Weihnachtsbäckerei 的标签。在那些圣诞饼干被小心翼翼地翻动、切割和加上糖霜的视频中,有不少配着由一位德国邪典艺术家演唱的歌曲作为背景音乐,这位邪典艺术家已经是一位 72 岁高龄的老人了,他正快乐地度过自己的退休生活。

1987 年,罗尔夫·祖科夫斯基成为德国和德语国家的英雄,当时他录制了一首适合儿童的小曲,详细描述了在圣诞节前几天四处泼洒糖粉、面粉和黄油的混乱情况。这首歌的名字是《In der Weihnachtsbäckerei》(《在圣诞面包店》),是祖科夫斯基在 1986 年为自家庆祝圣诞节而创作的一首歌,一年后当他正式发布这首歌时,它才进入了圣诞音乐的殿堂,并被添加到了每个家庭的圣诞音乐磁带和 CD 中。但它有点俗气:孩子们在成长的岁月中喜欢它,长大后就对其失去了兴趣。最终它加入了 TikTok,成为许多人举行 2019 年圣诞节庆祝活动的背景音乐。当我在那一年圣诞节前一周与他见面时,祖科夫斯基告诉我:"对我来说,这就像一份天赐的礼物,如今社交媒体在向各代人传播信息方面发挥了重要作用,每一年都会有这么一次。"他对 TikTok 充满感激之情。

第 28 章
2020 年会议中心

有一群衣着光鲜的人站在繁忙的会议中心走廊中间一动不动。现在是 2020 年 2 月，我回到了伦敦 VidCon。

站在出售高价三明治的、故作时尚的面包店前的，是纳法提兄弟。当你在街上与贾米尔·纳法提和贾梅尔·纳法提擦肩而过时并不会格外注意他们，纵然他们身上有大量的文身，脖子和前臂上有深深的墨水斑点，鼻子看起来很宽、很结实，并挂着玩世不恭的笑容。他们的吊坠耳环和时尚发型与 2020 年的普通人并没有什么太大的不同。在另一个世界里，他们可能是自己家乡波兰的建筑工人，在英国的布莱克本也没有什么登上舞台的机会。但是，当你把他们放在 VidCon 的舞台上，让他们穿上配套的亮橙色 T 恤时，他们就能吸引 1 320 万名用户在 TikTok 上观看自己的一举一动。特别是当他们列队站立，低着头，双手交叉放在腰前的时候，他们仿佛就是"红箭"特技飞行表演队的一员。

我们马上就能看到户外录制 TikTok 视频的场景。当我和佐伊·格拉特以及 YouTube 博主西蒙·克拉克穿过会议中心时，我们发现了这群奇怪的人，克拉克稍后将围绕他的特殊专业领域——气候科学，制作教育内容。我们逗留了一会儿，克拉克拿出了自己的相机，他正在为自己的 YouTube 频道拍摄 vlog（视频日志）。

我们等了一会儿。摄像师匆匆离开，为舞蹈团设置了一个看起来像长镜头一样的镜头（很可能是加速镜头，用来为视频做一个戏剧性的片头）。但他走得比大多数人预期的要远：在 600 米长的场地上走了大约 400 米的路程。由于需要稳住摄像机，特别是考虑到任何上下晃动或模糊都会因录像的加速而变得更加突出，这就意味着他必须像野兔一般远离纳法提兄弟，之后要像乌龟走路时一样小心翼翼地回到他们身边。从卓别林开始，最早的电影制作人就认识到这是一个问题。在慢动作中产生的小的摇晃，一旦加速就会变成颠簸，就像开车上山一样。

最后，他走到他们附近，然后停了下来。在双胞胎开始行动之前，有一两秒钟的停顿时间。他们一个接一个地看向自己的肩膀，伴舞者也在做着同样的动作。

就这样，摄影师将镜头保持了 1 秒钟，表演者保持姿势。然后他们走出镜头，加入另一组双胞胎的表演中，拍摄了另一个合作视频。

这一过程可以说是平平无奇的，但它是社交媒体新常态的象征。就像人们花了好些年才在看到一名极富魅力的年轻人摆弄一台固定在三脚架上的佳能照相机，精力充沛地对着镜头做手势拍摄 YouTube 视频时不会好奇地多看两眼一样，我们仍然处于 TikTok 崛起的早期阶段，人们自发地聚集在一起表演经过复杂编排的舞蹈的情景仍然是不同寻常的。你可以在社交媒体上看到那种从远处拍摄的视频，用来嘲笑拍摄 TikTok 视频时的精心规划。TikTok 自己的社交媒体账户也有类似的问题，它们也在分享人们在没有背景音乐的情况下对着高高举起的手机疯狂跳舞的视频。

TikTok 正在成为 VidCon 的中心。长期以来，这场网络红人大会一直得到 YouTube 的支持，而 YouTube 将这个年轻的短视频新秀视为竞争对手。这一次，TikTok 出现在更多的小组讨论中，但这些小组讨论几乎都是由该公司自己赞助的。TikTok 是自费来参加红人大会的。在这个由 TikTok 负责的展厅中，在线视频创作者向精疲力竭的青少年兜售自己的商品。

2020 年伦敦 VidCon 热度最高的门票就是 TikTok 的派对。派对在肖尔迪奇区的一个地窖酒吧举行。来宾需要佩戴一条发光的纸质腕带才能获准进入，而在独家创作者休息室里，大家都在讨论如何抢到这条腕带。

很明显，在线视频世界变幻莫测，曾经被 YouTube 牢牢控制的东西突然被人抢走了。这一年来已经发生了极大的变化，那么再过一年又会出现怎样的不同呢？到 2021 年 6 月时，TikTok 已取代 YouTube 成为 VidCon 的官方赞助商，而这正是在线视频市场快速变化的标志。

聚焦创作者：乔爷爷

姓名：乔·阿灵顿

用户名：@grandadjoe1933

关注：36

粉丝：430 万

获赞数：1.032 亿

特长：在家人不知情的情况下偷吃饼干，给年轻人人生建议

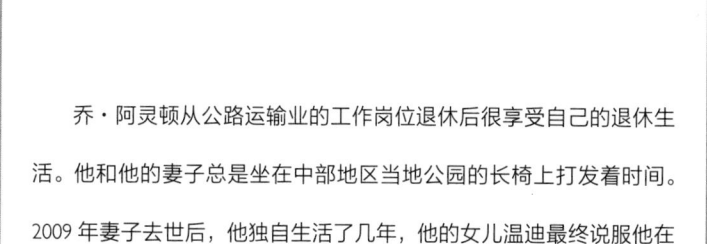

乔·阿灵顿从公路运输业的工作岗位退休后很享受自己的退休生活。他和他的妻子总是坐在中部地区当地公园的长椅上打发着时间。2009 年妻子去世后，他独自生活了几年，他的女儿温迪最终说服他在 2015 年中搬到她和孩子们那里。

与女儿和孙子们一起生活让阿灵顿了解了年青一代的"怪癖"。他的孙子、孙女花在智能手机上与朋友聊天的时间之久，让他感到迷惑不解。温迪的女儿，也就是他最小的孙女布鲁克在手机镜头前跳舞的行为让他感到困惑。她当时刚满 16 岁，刚刚接触到 TikTok。

布鲁克开始缠着她的祖父，试图拉他一起跟着她表演对口型的流行歌曲。阿灵顿起初并不愿意，在他的女儿也加入了劝说行列后，他开始

为视频做一些小的表演,并逐渐尝到了甜头。"一项事业就这么开始了。"他通过电话向我解释。这条电话线是他女儿安装的,因为他不知道怎么才能让电话正常工作,"我很享受被化装、被打扮和被捉弄的感觉。"

88岁的他在应用程序上被称为"乔爷爷",在TikTok上有430万人关注他。他的视频已被赞过1.032亿次。当他的关注者超过100万名时,他的女儿将此事告诉了他,他不太相信,甚至拿起自己的iPhone来检查她是不是在开玩笑。阿灵顿更习惯于每周和朋友们开车出去两三次,或者在星期六晚上去他经常去的卡拉OK俱乐部,他无法想象有430万人在一起是什么概念,更不用说他们在一起是为了看他的视频。

"我不知道。"当我希望他谈谈自己大受欢迎的原因时,他说,"在生活中,我从未像这样受欢迎过。"他在唱卡拉OK的晚上得到过一些欢呼声,但从未如此受欢迎。他找到了一个潜在的答案。"我喜欢与人交谈。看着一些评论,我会想,真好,我在和来自世界各地的人交谈,而不仅仅是与我现在所在的伯明翰的居民交流。"

第六部分

陷入文化与政治旋涡

第29章
崛起的力量

2019 年，TikTok 在全球范围内飞速扩张。尽管公司不愿意分享关于其用户数量的数据，但移动数据和分析供应商 App Annie 检测到了 TikTok 的使用情况，并有了惊人的发现。中国以外的安卓智能手机用户在 2019 年使用 TikTok 的时长多达 680 亿小时，约合 780 万年。

在新冠肺炎疫情暴发的 2020 年初，中国的智能手机用户平均每天使用抖音的时长为 7.5 个小时，一周内用户在抖音上花费的时长超过 30 亿个小时，这比 2019 年用户每周在抖音上的使用时长增长了 130%。

类似的情况很快在其他地区上演。起初，意大利在 3 月 9 日宣布关闭边境，要求居民留在室内。忽然间，意大利人平均每天使用手机的时长增加了 30 分钟。西班牙很快也出台了严格的封锁令，这导致西班牙人每天使用手机的时长也增加了 30 分钟。

并非所有人都在玩 TikTok，许多其他应用程序的使用时长也有类似的增长。但是，那些在新闻报道中听说过它的人，或者几个月前在圣诞家庭聚会上见过他们的孩子或孙子在玩这款应用程序的人，突然有了更多时间，并对这款应用程序产生了更强烈的好奇心。因此，他们点开应用程序商店，输入这款应用程序的名称，然后进行了下载。

2020 年 1 月到 3 月，TikTok 是全球苹果系统和安卓系统中下载量最多的一款应用程序。这段时间里，美国的月活跃用户数增长了 45%。全美有 1 300 万人迷上了 TikTok，这一人数足以填满一个伊利诺伊州。而 2019 年同季度，TikTok 只增加了 200 万新用户。

一旦用户打开了 TikTok，他们就会一直使用下去。陷入 TikTok 视频流的美国人仅在 2020 年 3 月就在其中消磨了 1.34 亿个小时。内部数据显示，用户平均每天至少打开 TikTok 8 次。

想要了解 TikTok 如何从不知名的应用程序崛起，就要看看它的长期增长情况。在 2018 年 3 月，TikTok 并购 Musical.ly 前的几个月，中国以外的全球用户在这款应用程序上的使用时长为 6 600 万个小时。到了 2020 年 3 月，这一数字已经飙升到 28 亿个小时，相当于从石器时代到当今社会的时长。

TikTok 已经处在比 YouTube 增长速度更快的轨道上，而且比与它最相似的竞争对手 Vine 更成功。TikTok 通过更加令人上瘾和沉浸的方式实现了这一点。如果你想要观看 YouTube 视频，你必须进行搜索。渐渐地，YouTube 上视频的平均时长不断变长，而人们观看 YouTube 的方式也从手机和笔记本电脑屏幕转向客厅的电视机，导致人们不得不预留出时间来观看它。而你如果想看 TikTok 视频，就只需要打开手机应用程序，便能置身于全屏的视频和全方位的音效中。

除了让人上瘾的设计，TikTok 还拥有雄厚的资金。字节跳动在全球推广 TikTok 的资金超过历史上的其他开发商。2019 年，字节跳动在美国投入 300 万美元推广 TikTok，建立受众群体。而且它很幸运。TikTok 本可能被新冠肺炎疫情等突发事件所摧毁，但它却从中受益，一跃成为人们被困在家里时寻求娱乐的天堂。

这款应用程序不仅在用户数量和用户使用时长方面有所增长，而且在渗入公众意识的方式上也有增进。美国说唱歌手 Lil Nas X 的歌曲《乡村老街》连续 6 周位列公告牌百强单曲排行榜第一名。在这首歌由全明星阵容演绎的音乐视频被发布在互联网上的一天后，即 2019 年 5 月 18 日，全世界在 24 小时之内发布了 21 篇与 TikTok 有关的新闻报道，这相当于差不多每小时写出一篇报道。在一年后的 2020 年 5 月 18 日，当 TikTok 宣布自己挖走了迪士尼流媒体负责人，并聘任其为首席运营官时，关于 TikTok 的报道数量为 990 篇。到 2021 年 5 月 18 日，一天内就诞生了

1 430篇与TikTok有关的新闻报道，几乎每分钟就有一篇。

TikTok也开始在政治上产生影响，2020年5月，乔治·弗洛伊德被警察射杀，社交媒体推动了美国乃至世界各地的关于"黑人的命也是命"的抗议活动。TikTok的影响力尤其大。乔治·弗洛伊德不幸离世后的一周内，有36.5万个带着"黑人的命也是命"标签的视频被上传到TikTok。这些视频的观看量达到12.5亿次。乔治·弗洛伊德的名字和相关抗议活动也因TikTok这一应用程序而受到关注。一周里，10万个视频被以他的名字命名，并被观看了5.6亿次。

2020年5月30日晚，在TikTok上刷到带有"黑人的命也是命"标签的视频时，你会看到一个来自查莉·达梅里奥的视频。她年仅16岁，拥有超越年龄的智慧和成熟。在这个时长达到TikTok允许的最大长度的视频里，她是这样开场的："拥有各色皮肤的人，在这样的时刻应当发声。"她说道："作为一个被平台认证为有影响力的人，我意识到，这个头衔意味着我有义务告诉人们，世界上仍存在种族不平等的现象。"

这个视频以及它所传递的信息，在上传后的11个小时内被观看了近1 500万次；16小时内，视频浏览量超过2 100万次。达梅里奥此前因其高难度的舞蹈动作而成为TikTok上的红人，她的舞蹈方式引领了TikTok的潮流。但这一次不同，尽管TikTok总是宣称自己不干涉政治，但这款应用程序正在被它的头部网络名人用以推动抗议活动。如今，不仅达梅里奥的所作所为会决定 TikTok 的趋势，其所言也影响着接下来一段时间公众讨论的话题和论调。TikTok 一直试图将自己与政治脱钩，但却被拖入文化和政治对话中，而且这种现象不仅仅出现在美国。

第 30 章
在印度市场的繁荣与萧条

很少有地方会像印度一样,在 TikTok 发展的早期就对它青睐有加。一个快速增长、日益相连的民族正在寻求短、平、快的快餐型娱乐方式,而且他们可以轻松访问移动互联网。在此背景下,人们对 TikTok 的兴趣必然如同火山喷发般涌现。

自 2017 年 9 月打入国际市场后,TikTok 在短短 6 个月内已风靡印度,每 20 台智能手机中就有 1 台下载了 TikTok。到了 2019 年 4 月,有赖于印度电信巨头 Jio 推出的快速移动网络,每 4 台印度智能手机中就有 1 台下载了 TikTok。住在印度二三线城市的居民大量使用这款应用程序作为工作以外的消遣,他们所在的城市规模较小,发达程度低于诸如德里、班加罗尔、钦奈、孟买和加尔各答等一线城市。

在印度,有超过一半的 TikTok 用户月收入低于 2.5 万卢比,约合 325 美元。TikTok 作为最早一批利用短视频而不是文字进行交流的应用程序，迎合了文化程度较低的用户的需求，这也有助于获得用户青睐。

印度数以亿计的 TikTok 用户除了会用古怪的视频记录日常生活外，还会关注名人。如伊瑞尔·安萨里在北方邦的一家五金店工作，他的兄弟送了他一部智能手机，让他试着使用 TikTok，他第一次了解这款应用程序是因为朋友给他看婚礼视频片段。安萨里在 TikTok 上发布的第一个视频，是于 2018 年 5 月在一片稻田里拍摄的，被拍摄的是一个路过的小男孩，安萨里帮他戴上领带，让他拿着手机。安萨里很快就获得了关注，20 岁的他在 TikTok 上拥有超过 200 万名粉丝，他的视频反映了印度人怪异的幽默，并调侃了很多这个国家的奇闻趣事，这些视频的播放量有几万甚至几十万。

安萨里的走红反映出 TikTok 能在印度获得如此大的发展的原因。安萨里从北方邦的贫困生活中走出来，成了真正的名人，走在孟买街上会被通过这款应用程序认识他的粉丝拦下。这是一个相对较新的发展，至少这里的人承认自己正在使用 TikTok。

多年来，印度顶级城市的大富豪对 TikTok 不屑一顾，直到新冠肺炎疫情让大城市中的人都留在室内，孟买人和其他一线城市的居民都开始使用这款应用程序。2020 年，TikTok 在印度一线城市的使用情况与其他欠发达城市类似：人们日均使用该应用程序的时长为 23 分钟，这个数据足以和印度最受欢迎的应用程序 WhatsApp（一款用于智能手机之间通信的应用程序）相抗衡。

但是，TikTok 的增长却引起了争议。

争议的起因是一段视频的走红，视频中两个年轻女性在寺庙外的地板上表演倒立，她们头戴棒球帽，穿着紧身牛仔裤。由于她们发布到 TikTok 的视频中没有提到任何与沙·贾汗（Shah Jahān）的历史或其重要性有关的信息，寺庙的管理人员虽然并不惊讶，却感到很失望。

在 17 世纪上半叶，印度莫卧儿皇帝对印度半岛上的一些国家发动了战争，在 1636—1638 年短短两年间，莫卧儿皇帝就占领了艾哈迈德讷格尔、戈尔康达、拉贾斯坦等地。但他认为这样的征服还远远不够。他担心自己夺取的土地，他人也可能夺回去，从而抹去他在历史上的地位。因此，他找到了另一种让自己永垂不朽的办法：建造可以矗立数个世纪的建筑。他在自己 20 年政权中的早期首都阿格拉，建造了两座巨大的清真寺，以及世界上最大的表达爱意的建筑：泰姬陵。泰姬陵历经 22 年才建造完成，是贾汗为他最爱的妻子，1631 年在分娩时去世的穆塔兹·玛哈尔修建的。1648 年，贾汗将首都从阿格拉北迁至 240 多千米外的德里，并在那里建立政权。他修建了今天德里热门的旅游景点德里红堡和贾玛清真寺。

贾汗定居德里两年后，开始修建贾玛清真寺。超过 5 000 个工人抬着红色砂岩和白色大理石，走上 30 级台阶到达被称为

"贾玛清真寺"的建筑工地上，也就是如今人们所看到的清真寺。工人们花了6年时间建造起这座面朝麦加的建筑。里面可以容纳2.5万人同时进行星期五的祈祷。每年有超过87万名印度人和12.5万名游客从它的门前经过。

与朝圣者一起参观的游客往往会拍几张照片，留给后人或发到社交媒体上，但TikTok在印度的出现给负责管理清真寺的赛义德·艾哈迈德·布哈里带来了新的烦恼。

2019年初，两个身穿紧身牛仔裤的女性拍摄的表演视频在TikTok上走红。贾汗在几个世纪前建造的礼拜场所现在已经变成拍摄舞蹈视频的背景，出现在爆红的社交媒体推文中。

TikTok回应称，它不支持倒立的视频，也不支持其他将历史建筑作为舞蹈背景的模仿者。后来TikTok删除了这些视频。但人们可以下载并在其他社交平台上转发这些视频，确保它们永远存在。

这两名嬉戏的女子在脸书和推特上继续走红，她们成了印度媒体密切关注的对象。印度人突然有了一个新的哲学命题要思考：神圣的场所会不会成为策划下一次爆红事件的最佳地点？

布哈里下定决心对印度《每日电讯报》说："无论是清真寺，还是寺庙，或是古德瓦拉（锡克教徒的集会场所），这些都是做礼拜的场所，而不是用来唱歌和跳舞的地方。"2019年5月，布哈里要求工作人员开始监控那些举着智能手机来到这里的人。他们坐着两辆电力车,在整个场地来回穿梭,在任何潜在的不端行为失控之前予以制止。

一名记者问布哈里,是怎么分辨人们到底是在录制清真寺的视频给亲属看,还是在准备拍摄一个让圣地声名狼藉的TikTok或其他社交媒体的视频的?布哈里的回答与1964年美国最高法院的法官波特·斯图尔特被人问到如何定义色情影片时的回答一模一样,斯图尔特当时回复说:"一看就会知道。"拍摄TikTok或其他社交媒体的视频时,通常有一个人开始站在镜头前,另一个人进入画面,跳舞、跳跃或做一些愚蠢的事情。"看到这些我们就知道他们在拍社交媒体视频。"布哈里说道。

与此同时,布哈里也知道,靠一群人骑着电力车并不足以降低这款应用程序的火爆程度,当时每10个下载TikTok的用户中就有3个是印度人。所以他请了一个标语作者,在黑板上用白色的颜料写上一句印地语,下面附有英文翻译:"清真寺内严禁使用TikTok"。这并不是冲击TikTok在印度知名度的唯一问题。

后来出现了更大的问题。维·卡拉亚拉萨是一个来自钦奈的男子,他因在TikTok上发布男女装互换的视频而走红。2018年10月,他结束了自己的生命。他走红后声誉下降,他的家人因此与他反目,认为他给自家的姓氏抹黑。调查这个男子卧轨事件的一名警察说:"他的一些粉丝嘲笑他,称他为变性人。"

卡拉亚拉萨事件是TikTok在印度第一起引起广泛争议的意

外事件，这起事件痛击了 TikTok 问题的核心。在一些人看来，对于印度这样一个保守的国家，TikTok 上发布的一些内容是有争议的情色内容。TikTok 试图通过在印度建立数据中心来平息政治家和监管机构的批评，这是给那些担心 TikTok 对人们造成消极影响的人的一种安慰。但这远远不够。

对 TikTok 的反击是于 2019 年初从泰米尔纳德邦开始的。当地一些政治家争相禁止使用这款应用程序，指责它贬低了印度的文化。他们成功封禁了 TikTok 两周。然后反击行动蔓延到马德拉斯，该地区的高等法院在 2019 年 4 月封禁了 TikTok。判决书指出："使用该应用程序的儿童是脆弱的，他们可能暴露在性侵者面前。"TikTok 承诺会改善它的行为，马德拉斯在当月晚些时候解除了禁令。

这款飞速发展的应用程序在印度的生存之战开始遭遇打击。字节跳动宣布，2019 年 4 月被封禁期间 TikTok 每天的损失高达 50 万美元。

为缓解人们的忧虑，TikTok 在印度启动了一项教育计划。但继争议内容出现后，衰退随之而来。在 TikTok 上拥有 1 300 万名粉丝的博主费萨尔·西迪基发布了一段 9 秒钟的视频，轻描淡写地描述了一次泼酸袭击事件。西迪基的账户很快被 TikTok 封禁，但反复出现的负面新闻意味着事态已经在发酵。

2020 年 6 月 29 日，印度中央政府宣布禁止包括 TikTok 在内的 59 款中国应用程序进入印度。印度政府称，其中的每一款应用程序都有数以亿计的印度人在使用，它们"有损印度的主权和领土完整、国防、国家安全和公共秩序"。这之后试图点开这些应用程序的用户会看到这样一条弹出的通知："亲爱的用户，我们遵守印度政府关于禁用 59 款应用程序的指令。确保所有印度用户的隐私和安全是我们的首要任务。"

当时，印度正陷入与中国的边境冲突。TikTok 只是被当作筹码，印度取缔 TikTok 是为了向中国发难。如果印度政府不能保证在边境冲突中占据优势，那它至少能够确保 TikTok 无法接入印度的互联网。

虽然印度中央政府的这一命令是临时性的，但 2021 年 1 月，临时禁令被确定为永久禁令。这时，TikTok 在印度已经失去了至少 2 亿用户。这些用户多数分散到了本土的 TikTok 替代品中。而这些替代品都比不上 TikTok，从本书的调查结果看，只有 25% 印度人认为国产替代软件和 TikTok 一样好，甚至更好。大约 20% 的人说它们比 TikTok 要差。

虽然失去印度市场是 TikTok 的一大损失，但失去 TikTok 对印度来说并不构成损失。40% 的印度人认为政府禁止 TikTok 是对的，只有 14% 的人认为禁令是个坏主意。对于是否怀念 TikTok，人数分布与上述比例类似，大多数人表示自己并不怀念。37% 的人认为 TikTok 会对国家安全产生威胁。

对于已经积累了大量粉丝的 TikTok 博主来说，这一禁令是个打击。吉塔·斯里达尔一家每月通过植入广告的视频可获得约 5 万卢比（约合 510 英镑）的品牌赞助收入。"我们预料会是这样，所以这并不让人感到震惊或失望。"她的女儿萨拉达说，"我们知道总有一天会发生这样的事情。"萨拉达曾和一些更懂技术的朋友聊天，那时他们警告她，那些攻击 TikTok 的新闻标题带有强烈的民族主义色彩，预示着 TikTok 的大限将至。2020 年中，在禁令下达的前一个月，萨拉达说服了自己的妈妈，她们开始在两个印度本土应用程序上发布视频，这些应用程序的定位是取代 TikTok。她们选择了 Rizzle 和 Chingari 两款短视频共享应用程序。

Rizzle 成了吉塔最喜欢的替代品。如果她不能在 TikTok 上向她的近百万名粉丝发布视频，那她可以在 Rizzle 上发布。问题是，用户不会总是跟着她到新的应用程序上来。当我们在 2020 年 8 月初谈话时，TikTok 已经在印度被关停一个多月，吉塔在 Rizzle 上有了近 25 万名粉丝，她的视频被播放了 1 040 万次。但他们制作视频的速度已经放缓：在 TikTok 上，每天可以制作几十个短视频，但在 Rizzle 上吉塔每个月只制作了十几个视频。萨拉达解释说："这很难，它不完全像 TikTok。而且并没有很多人直接从 TikTok 转来这里，我们不得不从头开始。"

吉塔和她女儿在 TikTok 上累积的粉丝最终也确实跟随她们来到 Rizzle，至少其中一部分人再次关注了她们。对于吉塔来说，Rizzle 是一个不错的选择，但它缺少了成为超级应用程序的两个关键因素——惊人的算法和简单的创作工具，前者可以将一个不起眼的有两个孩子的印度母亲变成一夜成名的明星，后者允许吉塔这种不完全懂技术的人也可以创作出人们想看的视频。

母女俩也在学习并进一步了解每款应用程序的受众想要什么。虽然吉塔在 TikTok 上的粉丝对这位身穿纱丽服的母亲在封控期间伴随着流行音乐跳舞的视频津津乐道，但至少从吉塔的早期试验来看，Rizzle 的用户更热衷于简单的烹饪技巧。这个试错的过程让吉塔和萨拉达感到沮丧。"我们更新得很慢，但一直在稳定地制作视频，了解人们的喜好厌恶。"萨拉达说，"我们会在看到他们的反馈之后，再创作新内容。"

第31章
硅谷主导地位的终结

中国的科技崛起不仅对印度,也对美国发起了直接挑战。一直以来,互联网都是由美国加州的公司主导。

我们将自己的生活发布到脸书或谷歌旗下的 YouTube 上,把新出生孩子的照片分享到网上,用撒下"电子面包屑"的方式记录自己的生活,即使这些会被硅谷公司用广告算法仔细研究,我们会觉得奇怪,但不会感到不适。我们相信,硅谷巨头可能会利用我们的数据赚钱,但这并不会带来什么弊端。我们所分享的数据是一样的,是平淡无奇的混合物,但所有的数据组合在一起就会产生难以置信的侵害性。然而,如今我们分享数据、处理和分析数据的地方不再是加州门洛帕克市(脸书总部所在地)或者山景城(谷歌总部所在地),而是在北京海淀区双榆树街道的一家公司。有些人对此表示反感。

加州地区的权力逐渐势弱。很多人相信 TikTok 只是中国科技发展的领路人。首先引起大众怀疑的是 2019 年在美国举办的 VidCon。当时，在举办 VidCon 的会议中心附近的万豪酒店里，举行了一场名为"东西方论坛"的半公开、邀请制会议。这个论坛是由一群中国科技巨头的高管组织的，就在美国 VidCon 正式开幕的前一天即 7 月 17 日举行，组织者都与腾讯公司旗下的共创学习平台青腾有关系。一位与会者告诉记者泰勒·洛伦茨，这是中国科技公司代表了解创作者和美国科技公司在自己的平台上面临哪些问题的方式。这次活动后来被证实是权力转移的预兆，事后来看，对于希望在西方扩大影响力的中国公司来说，这是一项界定范围的任务。

你只需要在谷歌上输入"TikTok 是不是……"，就会发现一些忧心的人对这款应用程序的恐惧。与其他科技公司一样，搜索引擎的算法通过跟踪我们在搜索栏中输入的内容来理解我们的想法，然后尝试提供它们认为我们最想要的答案。"TikTok 安全吗、危险吗、不好吗、有害吗"以及"中国"都是搜索频率极高的内容。

这些问题的出现不是由娱乐的应用程序本身所引起的，而是由更广泛的问题引起的。但是，如果 TikTok 继续维持无人匹敌的崛起势头，那么这些问题可能会变得毫无意义，因为它将是众多中国应用程序中首个夺取西方人手机屏幕控制权的应用程序。科技界人士已经在很久以前就知道这一点了。2018 年 10 月，苹果公司负责人蒂姆·库克在北京对苹果公司中国分部业务发展情况进行常规考察时，来到了字节跳动的总部。他想了解这家公司的工作氛围，当时字节跳动已开始快速成长，且一飞冲天。当张一鸣陪同库克走在字节跳动的办公区时，每一名员工都咧开嘴笑着，用手机拍下这位著名的首席执行官出现在他们办公室的场景。那时人们还不知道，几年后这两人可能会交换位置，而没有人会感到惊讶。

字节跳动并不是第一家向国外扩张的中国公司。运营微信的腾讯公司在 2014 年时就试图这么做了，但并没有取得成功，因为用户已经迷上 WhatsApp 和 Messenger（脸书旗下通信软件）。字节跳动是迄今为止向国外扩张的最成功的中国公司之一。

人们对 TikTok 的担忧在于，产品的未来方向和基本功能都由字节跳动的中国办公室做出决策，而世界各地的卫星办公室只注重运营决策，但这并不是字节跳动独有的情况。看看脸书、苹果、奈飞或亚马逊等公司。实际上，每一家技术公司都会把自己的软件开发成全球适用的同一产品，并通过员工与世界各地的政府沟通解决由此产生的少数摩擦。TikTok 此前也是这样处理的，直到 2021 年前后它将公司一分为二，在中国和世界其他地区之间设置了防火墙。TikTok 的大部分功能都是从抖音复制的，并且是由中国的编码团队开发的。

不同的是，人们对此普遍感到不安，因为一个以中国为中心的公司主导科技领域，有可能会产生更广泛的地缘政治影响。字节跳动正在做的事情与其他公司几乎没什么区别。不同的是，它的总部所在地，以及它所面对的政府。引发这些恐惧的是仇外心理，还是对中国政府怀有警惕心？答案取决于你站在争论的哪一方。字节跳动是中国对全球输出软实力的隐秘尝试吗？或者张一鸣是否只是试图建立起自己的品牌、发展公司业务，他只是希望用自己的方式，和谷歌、苹果、脸书这类被推崇为"美国式成功"的典型公司同台竞争？

张一鸣到底是不是想要精心打造一款应用程序，并建立一家能够提供一系列产品的大公司，以改变西方对中国的看法，为中国的大国之路铺平道路？或者他只是一个小镇梦想家，从成功人士的商业传记中读到非凡的美国商业故事，并产生了一些宏大的想法？又或许他只是希望为世界带来欢乐，并在此过程中为自己创造了财富？

对于这些问题，不同的人可能对某一方的观点持坚定的想法。张一鸣的人物传记体现出，他是后者而不是前者：他有崇高的目标以及卓越的远见。他渴望打破限制，为世界带来欢乐。但许多人不相信，也不会相信。他们有自己的想法，并能找到各种各样的证据作为支撑，但这些证据质量不一。公众情绪并不同于我的立场：2021年时，有67%的美国人对中国人持冷淡的态度，而这一比例在2018年时仅为46%。这是惊人的增长，特别是考虑到这些增长与 TikTok 这款为人们带来欢乐的中国应用程序崛起的时间完全契合。

这种想法的力量也预示着 TikTok 及其背后的字节跳动未来的发展道路。由于意见分歧的各方都固执己见，从宏观角度看，一款相对无关紧要的应用程序的成败已成为对全球未来力量平衡的测试。而争论的双方都愿意为自己的想法竭力辩护。其中一方认为这是对自由市场的打压；而另一方则认为这是对现状的致命威胁，并且可能导致未来陷入他们在过去 70 年或更长的时间里一直在试图避免的世界。

第 32 章
美国的反对声音越来越大

在 2015 年前后创立短视频分享应用程序时，张一鸣和朱骏不可能知道这些应用程序的流行将加剧东西方之间的紧张关系。在很多方面，关于 TikTok 的争论并不是关于谁在未来 25 年的科技领域拥有控制权，而是关于未来世界的发展方向。

中国于 2013 年提出"一带一路"倡议，加强了中国与世界其他地区的联系，中国将其视为一种"拥抱更美好的未来"的方式。但对于各国政府中持中国怀疑论者而言，这是中国输出软实力的一种方式，并企图将世界的控制中心从华盛顿特区和伦敦转移到北京。

这是全球不同层面都存在的问题。出于对中国制造技术整合到关键通信领域的担忧，各国政府就是否允许华为运行 5G 移动互联网技术、是否要对该公司加以限制等问题展开了漫长的辩论。在好战的美国总统对中国发起的关税摩擦中，他威胁要切断与中国的关系，因为这个国家是最有可能取代美国成为世界领袖的超级大国。

事实上，在唐纳德·特朗普反感 TikTok 之前，美国当局早已注意到 TikTok。2017—2018 年，TikTok 与 Musical.ly 的并购案就为这款超级应用程序带来了诸多问题，最终美国联邦贸易委员会以侵犯儿童隐私为由对其进行了 570 万美元的处罚。但其实是 TikTok 打算处理用户隐私的方法最先惊动了两位中国怀疑论者，即美国参议员查尔斯·舒默和汤姆·科顿。

参议员们达成了跨党派的共识，他们在 2019 年 10 月要求国家情报局局长办公室就 TikTok 是否会非法泄露用户隐私展开调查，当时的 TikTok 和现在一样，否认曾泄露过用户数据。

从那时起，情况急转直下。美国外国投资委员会负责审查在美投资的国际公司的商业交易。在参议员们提出调查要求后的一周左右，外国投资委员会对 TikTok 并购 Musical.ly 的行为展开了国家安全调查。

2019 年 12 月，美国海军因为担心安全问题，禁用了 TikTok。

在共和党内以美国优先的右翼人士和对华鹰派的推动下，一种反 TikTok 的共识正逐渐形成：这款应用程序没有好处，它的存在是对美国价值观的威胁。乔什·霍利是一位保守派共和党人，自诩为唐纳德·特朗普的精神接班人。他撰写了一本抨击大科技公司的书，与其他人一起起草了立法案，禁止 TikTok 出现在美国政府的任何设备上。"TikTok 对于美国来说是存在重大安全风险的，不能在政府的设备上存在。"2020 年 3 月霍利在提交法案时说道。

在美国的对华鹰派人士中，反对 TikTok 逐渐形成一股潮流。特朗普政府基本没有参与相关争论，直到这款应用程序的用户购买了大量总统竞选活动的门票却没有出席，这让总统倍感尴尬。对于一个出了名地关心自己公众形象、脾气暴躁的领导人来说，这种行为侮辱性极强，虽然 TikTok 并未涉足其中。

2020 年 7 月 6 日，印度宣布禁用 TikTok 和其他 58 款中国应用程序一周后，时任美国国务卿迈克·蓬佩奥出席了由劳拉·英格拉姆主持的福克斯新闻节目《英格拉姆角》。

蓬佩奥在担任美国驻外代表之前曾有一年多的时间任美国中央情报局局长，他在采访中回答了一系列问题。最后，英格拉姆问道，鉴于印度的禁令和澳大利亚的担忧，美国是否应该从现在、今晚开始考虑对 TikTok 下禁令？

"我们当然在考虑。"蓬佩奥回应道。他向支持共和党的福克斯新闻观众保证，他们的安全是最重要的。蓬佩奥还补充说："我不想在总统面前出风头，但这是我们正在考虑的事情。"

英格拉姆在采访结束时表示还想知道更多情况。她问道："你建议人们今晚、明天或在任何时候下载这款应用程序吗？"蓬佩奥回答："除非你想自己的信息遭到泄露。"

这足以让共和党人欢呼，也让那些一直试图在 TikTok 上积累人气的人心头一凉，这些人当中有很多是支持特朗普的美国人。在 Telegram 和 Discord 两款流行的即时聊天应用程序中，各种体量的 TikTok 博主都在担心即将到来的禁令。当特朗普在另一次电视访谈中很快确认美国正在计划全面、彻底关闭 TikTok 时，人们的焦虑感更强了。他们看到印度同行在禁用期间失去了生计和娱乐场所，担心自己也会遭遇相同的情况。

为 TikTok 创作者提供支持的业内人士发现，他们的邮箱中充斥着来自创作者本人、他们的经纪人和经理的电子邮件，大家都在试图摸清可能产生的影响。他们是否应该尝试把自己的观众转移到类似的美国应用程序上？他们是否应该追随目前的主流思潮，卸载这款应用程序？有些人感到的愤怒则多于焦虑，因为他们已经看到了总统和国务卿的声明。如果这款应用程序真的会泄露隐私，他们还应该支持它吗？他们还能采取什么措施支持它呢？

伦敦时间 7 月 10 日下午 5 点 16 分，有一封电子邮件被发入亚马逊 50 万名员工的收件箱，邮件的标题是"需要行动：7 月 10 日前强制卸载 TikTok"。这一事件加剧了人们的担忧。

邮件是这样开头的："你好，由于安全风险问题，访问亚马逊邮箱的手机不允许下载 TikTok。如果你的手机上装有 TikTok，你必须在 7 月 10 日前卸载它，以确保手机可以访问亚马逊邮箱。

目前你仍可以通过亚马逊计算机端浏览器访问 TikTok。"

美国西海岸的亚马逊员工在醒来时就收到了这封邮件。这在社交媒体上卷起了一场风暴，人们试图解读这个硅谷巨兽为什么对中国科技公司采取如此明确的立场。但午餐时间后没多久，事情就朝着更奇怪的方向发展了。"今天早上给部分员工发送邮件的行为是个失误。"一位亚马逊发言人尴尬地告诉记者，"我们现在对 TikTok 的政策没有任何改变。"

随后，特朗普的行为震惊了所有人。

第33章
特朗普禁令

2020年7月底,特朗普搭乘"空军一号"前往佛罗里达州参加当地的竞选集会,飞行途中,他会见了随行记者。当天早些时候,特朗普从华盛顿特区出发,向为他送行的媒体发表了一个简短的声明:他计划禁用TikTok。但说这话的人是特朗普,一个说一套做一套的人,谎言和真相从他嘴里说出来一样容易。所以没人认为他是认真的,他会对揪着TikTok不放感到厌烦,然后转向针对其他对象。

直到他真的打算颁布禁令。

7月31日晚上,特朗普来到"空军一号"后舱,跟随总统出行的白宫记者待在那里。他想表明自己没有虚张声势。他说:"说到TikTok,我们正要禁止它进入美国,我有这个权力。我可以下达行政命令。"他还说,如果有必要,他会使用紧急经济权力。

短短几句话，表明了特朗普计划禁止一款被 1 亿美国人喜爱的娱乐应用程序的意图。2020 年 8 月的一项行政命令给了 TikTok 45 天的执行期，要求它退出美国市场，除非它被出售给美国合作伙伴。

新华社称，针对 TikTok 的出售要求是"肮脏且不公平的，是一种欺凌和敲诈"。同时，TikTok 的美国律师玩起了踢皮球的战略游戏，将美国政府实施一切禁令的时间推迟到即将到来的美国总统选举之后。这似乎是在赌是否在特朗普下台后，问题就会迎刃而解。8 月底，TikTok 和字节跳动都起诉了特朗普和当时的商务部长威尔伯·罗斯，主张他们在 3 天前试图禁止 TikTok 的程序是违反美国宪法的。当事人在诉讼中还主张，TikTok 中许多员工几个月来在私下讨论：特朗普政府不顾几十年来的既定规范而为所欲为的行为，影响了美国外国投资委员会对这款应用程序的非政治性调查的公正性，并迫使委员会得出不利于 TikTok 的结论。

在同一周里，TikTok 还面临着另一起诉讼。在 TikTok 公司位于加州山景城办公室工作的技术项目经理帕特里克·瑞恩担心特朗普的行政命令会让他失业，并导致 TikTok 无法合法支付他的工资。瑞恩在诉讼中称，公司担心如果向 1 500 名美国员工支付工资，会违反行政命令的规定。这让 2020 年 3 月从谷歌离职加入这家公司的瑞恩感到担忧，也让其他员工担心不已，他们在

TikTok 的内部通信系统 Lark 上发布了充满焦虑内容的帖子。美国分部总经理瓦妮莎·帕帕斯向担忧自己未来的员工做出保证。

紧接着，更大的事情发生了。8 月下旬，做事干净利落的迪士尼前高管凯文·梅耶宣布将会离开公司，他于当年 5 月才加入 TikTok 担任首席执行官一职。梅耶在宣布离职的信中告诉员工，他认为自己所处的地缘政治局势不可持续。"我认真考虑了公司应当怎样调整架构，也考虑了我签约时所获得的全球性岗位意味着什么。"

当梅耶在 5 月接受这份工作时，他的期望不仅是 TikTok 美国分部的首席执行官（美国分部负责这款应用程序在中国以外地区的各项工作），还有 TikTok 母公司字节跳动的首席运营官，这两个岗位都是重要的角色。3 个月后，这家公司努力在中国的核心办公室和美国办公室之间建起一道墙，梅耶成为一个中层管理者。公司想留下梅耶，但又安排了"自己人"负责业务，从那时起梅耶就已开始考虑离开 TikTok。几个月内，梅耶的管理范围已经从监督 7 亿用户和数万名员工缩小到大约 1/7 的规模。这是令人痛苦的经历，也让梅耶感到担忧，因为许多人认为他加入 TikTok 是为了等待时机，直至他能够成为迪士尼的负责人。

张一鸣体会到梅耶的难处，他说："我完全理解由于我们所处的政治环境而产生的后果，在任何情况下，这都会对他的工作产生重大影响，尤其是他在美国工作却承担着全球性的职责。"

虽然 Lark 上已出现了很多抱怨，但该公司中国总部的内部通信系统上依然风平浪静。只有零星员工猜测，这个决定可能是源自个人对未来的野心，而其他地区的员工则相对直言不讳。美国办事处的员工对这个消息感到震惊。信任和安全小组的一名员工说："我很震惊，但我理解。"

这是 TikTok 和相关业务在这一年里受到的又一次冲击。TikTok 在取得巨大成功的同时，也在经历着噩梦。普通员工担心自己的未来，而肩负成功运营企业任务的高管则不仅要承担在新冠肺炎疫情暴发后维持增长这一艰难的任务，还要满足政治家的自尊心。

2020 年下半年，特朗普的民主党对手乔·拜登因为新冠肺炎疫情而拒绝亲自参加竞选，特朗普想找到一个对手，以转移民众对他失败的关注，他的理想对手就是 TikTok。在 5 天时间里，特朗普的竞选团队在脸书和照片墙上投放了超过 450 条政治广告，声称"TikTok 在监视你"。在这一期间，有超过 5 500 万名美国人浏览了这些广告。如果拜登不打算参加选举，特朗普就要让总统大选变成他和张一鸣之间的角逐。

TikTok 及其运营团队很快成为许多美国人眼中的头号公敌。8 月，围绕着这款应用程序的未来，各种流言纷至沓来，比如微软将要收购这款应用程序，交易将在 9 月中旬完成。一天之内，特朗普似乎同意了这笔交易，但随后又提出了反对意见。当在白宫签署一份单独的行政命令时，他被问及 TikTok 和微软的交易。聊天中，他说了一些近乎敲诈的话。他告诉记者："我认为这笔交易的很大一部分钱必须进入美国财政部。"他把这比作房东和房客的关系。如果没有这笔钱，他是不会签署这笔交易的。这个声明让很多人感到困惑，几天后，TikTok 对特朗普提起了诉讼。同时，另一个竞标者甲骨文加入了谈判。甲骨文是一家软件公司，因员工都是西装笔挺的商人而闻名。甲骨文的董事长拉里·埃里森是著名的共和党捐赠人。

到了 9 月，鉴于微软对给特朗普政府回扣一事有所质疑，甲骨文成为 TikTok 的首选买家。甲骨文和字节跳动甚至宣布了一笔交易，但它们对交易条款的看法存在争议。甲骨文表示，它将全资拥有 TikTok 在得克萨斯州的业务，并认为美国百货公司沃尔玛会参与交易。字节跳动则回应说没那么快，它认为自己仍持有所谓的 "TikTok 全球公司" 80% 的股份，这表明美国业务和中国以外的其他地区的业务仍为一体。

特朗普听到的消息和交易双方的说法各不相同。根据他的说法，TikTok 将会资助一个教育基金 50 亿美元。字节跳动对此表示很惊讶。

TikTok 一直在通过法律行动进行抵抗，历次案件的法官基本同意 TikTok 的观点，认为要求出售的命令没有遵守正当程序。TikTok 一次又一次使出缓兵之计。尽管一波三折，但到了最后，一切都不重要了。

11月，特朗普在美国总统选举中失利，到2021年1月，他已下台。整个世界如梦初醒，怀疑过去4年是不是一场噩梦。但TikTok内部并不觉得和美国政府的拉锯战会就此结束，而且我们很快就会发现这是有道理的。

TikTok在2021年4月迎来了新的首席执行官，新加坡人周受资。这可能是TikTok负责人认为美国问题已经基本消除的最明显迹象。周受资临危受命，是为了在经历了近一年的风暴后稳住局面。他工作的地方也同样重要。TikTok一度希望把中国以外的业务设在美国，但特朗普的敌意让公司终止了这个计划。虽然公司还没有决定全球总部的位置，但它已经在新加坡租下大面积的办公场地，那里的员工人数也在增加，还新增了名为BytePlus的软件技术部门。

尽管TikTok在美国的声誉因特朗普的攻击而受损，但它仍在美国运营。本书进行的独家调查显示，大约35%的美国人认为TikTok有威胁国家安全的风险，60%的人说这是一款中资应用程序，50%的人不相信TikTok会妥善保护他们的个人数据，50%的人认为TikTok会泄露用户数据。

那事实究竟是怎样的呢？

第 34 章
数据担忧的真相

面对一连串西方应用程序追踪个人数据故事的刺激，同时对于中国的应用程序很可能安装了程序"后门"的担忧被不断放大，存有疑心的用户和警惕的政治家担心 TikTok 是一个巨大的数据收集器。他们称自己所担心的是这款应用程序会通过内外部同时收集每一条关于个人的信息，然后送回中国进行处理。

这些人认为，理论上这些数据可以被移交给中国公司，而中国的公司都是在政府的监管下运营的。

TikTok 的海外代表一再表示，他们没有被要求交出用户的数据，即使被如此要求，也不会提交。西方的中国问题专家则担心这是在混淆视听。

然而，目前并没有证据表明 TikTok 已经或即将泄露西方用户的个人数据。并且，网络安全专家对于这款应用程序代码的反复分析也表明，TikTok 收集的用户数据的类型和数量与我们每天愉快使用的其他任何应用程序都没什么不同。

就算政府的情报工作者看到青少年跳舞时喜欢什么音乐，或者掌握其他从用户使用 TikTok 时所识别的信息，似乎也没有什么危险。从 60 秒的视频里可以瞥见一个郊区城市青少年卧室里的信息，但这很少与国家安全或东西方关系有关。（然而，如果是西方政治家的孩子，情况确实会发生变化。其中一些人可能也会不顾潜在危险地使用 TikTok。例如，使用 TikTok 的记者通过关注保守党政治家迈克尔·戈夫的女儿，掌握了英国应对新冠肺炎疫情的计划以及内阁大臣的健康状况。）那些对入侵设备的人来说最有用的信息，诸如银行账户、网络浏览内容和个人通话记录等，都没有被 TikTok 追踪或收集。

然而，最重要的是，要认识到围绕 TikTok 用户数据所进行的辩论是在更加广泛的背景下进行的，其中就包括了西方对于中国崛起的担忧，特别是对于中国技术在西方应用的担忧。西方国家认为，如果这款应用程序可以在数以亿计的民众中产生巨大的影响力，那么接下来会发生什么？这有助于解释不同权力机构对于 TikTok 产生的强烈反应，以及 TikTok 所面临的来自各国狂热分子的反击。2020 年上半年在全印度发起抵制 TikTok 运动的同时，印度和中国边境问题已经持续了一个多月。这场行动导致 TikTok 在应用商店的评级因收到数百万条负面评价而下滑到 1.2 分。TikTok 的评级是基于它的下载量获得的，这导致它在应用商店的排名大幅下降。(最后，谷歌删除了其中800万条被认定是恶意发布的一星评价。)

因此，特朗普反对TikTok的举动也可以从这名美国总统的角度来理解。在特朗普振兴经济的计划"流产"后，他希望通过妖魔化敌人来增加连任的机会，而不是因为找到了TikTok对个人数据有害的证据。可以说，TikTok成了超级大国之间权力竞争的牺牲品。2010年，中美关系较为缓和且由一个更有分寸的总统执政，美国外国投资委员会审查了93笔外来投资交易，其中有6笔来自中国。到2017年，美国外国投资委员会审查了237笔外来投资交易，其中60笔涉及中国企业。在奥巴马担任总统期间所开展的调查中，每20起调查中仅有1起以中国为中心，而到了特朗普时期，每4起调查中就有1起针对中国。

不只是美国对中国技术的崛起表示担忧，欧洲和澳大利亚也对此感到不安。这些地区的政治家对给予华为过大的权限进入国家电信系统表示担心，因此它们坚定地拒绝未经授权的5G网络接入国家网络。这也是欧洲对TikTok的数据使用开展调查的原因。TikTok的代表也因此被叫到英国和澳大利亚的政客面前，解释自己与中国的关系，并回应将会如何应对用户数据方面的问题。

一位与中国关系并不友好的西方高层政治家告诉我，他们不认为TikTok是中国窥探他国机密的阴谋，但他们担心人工智能驱动的视频分析可能会被用来处理一些民族问题。这位政治家把巴斯夫公司（BASF）与字节跳动进行了比较：巴斯夫公司生产阿司匹林，但它也参与了齐克隆B药剂的生产，这种药剂曾被用来在二战中进行大规模屠杀。TikTok英国政府关系和公共政策总监代表母公司参加了英国议会的听证会，她明确地反驳了这种说法。"我可以明确地否认这些指控。"伊丽莎白·坎特说道，"字节跳动或其任何子公司均不生产、使用或传播任何类型的监控设备。公司没有任何与监控相关的人员，这些指控是虚假的。"

中国公司有时会通过改变相关表述方式来解决问题，华为希望平息各国对于其参与建设全球5G网络并通过这些网络传输可能对国家安全至关重要的数据等行为的不满。华为对美国抗击新冠肺炎疫情做出了贡献，向疫情重灾区之一的纽约捐赠了口罩、手套和防护服。同时，华为英国董事会成员中有许多英国商界的知名人士，这些人曾为西方的大企业工作。

TikTok和字节跳动为支持新冠肺炎疫情防控工作进行了大规模的捐赠，还从迪士尼和其他代表美国各派命脉的蓝筹公司聘请高管，这些都可能被视为类似的措施。的确，从外部视角来看，似乎TikTok的母公司正在重塑自己，试图满足西方政策制定者的要求。

通过聘用了解市场的当地高管和培养当地团队的能力，TikTok的开发者一直在努力拉大中国和世界其他地方所使用的应用程序之间的距离，以减轻人们的担忧。在过去，内部沟通中有很多信息都被传回中国等待最终决定，而现在这些决定却是由各国办公室自行做出的。

据内部人士透露，为将公司控制的单个应用程序以不同国家为单位区分开来，TikTok 员工的内部数据被防火墙隔离，不允许中国员工访问。字节跳动明白，那些认定应用程序是中国为收集西方用户数据的诡计之人，会将字节跳动与中国政府相关联，以字节跳动从中国发展起来的事实作为借口。因此，字节跳动一直致力于确保没有人能歪曲事实。一位高管向我解释说："公司的战略是将中国发生的情况与世界其他地方的情况相分离。"

TikTok 的英国和美国负责人已经明确表示，自己没有提供过用户数据，而且也不会提供。欧洲和美国的用户数据最终都被存储在美国弗吉尼亚州的一个数据中心，并且在新加坡存有备份。欧洲用户的数据很快会转移到都柏林，2022 年 TikTok 已经就在都柏林建立一个信任和安全中心签署了合同。

然而，当你在经营一个国际科技帝国时，并非一切都能一清二楚。现实是，虽然明确了可识别的用户数据没有被传输到中国，而且第三方也被允许进入其内部分析数据流，从而证明对方没有访问权限，但仍有一些数据被传回字节跳动总部。两名在不同地点工作的 TikTok 员工在不同场合告诉我，2020 年，有些数据被传输到字节跳动中国总部的工程师那里。公司在 2020 年 8

月发表的一篇文章也明确了这一点，但并没有引起什么关注，中国的工程师可以获得某些数据，但仅以高度受控的方式获得。

工程师并没有在你正在观看的视频上调取塔哈·沙基勒所说的那类个人数据，监视你的个人生活。但他们还是会访问数据，只是为了检查黑客攻击等情况，并检验编码的算法是否按预期运行。据我所知，在任何情况下的访问都会以第三方审查的方式进行，确保没有数据会被拿走。罗兰·克劳捷从2020年4月开始担任TikTok的首席安全官，他曾是美国空军、国防部和退役军人事务部成员。他认为，这家公司对于用户数据的访问管理措施是强有力的。他说："我们有严格的安全控制、数据防御和访问保障技术，以及加密技术。"一些员工为了完成工作，可以获得有时间限制的数据访问权限，过时后他们的访问权限就会被取消。但在2021年6月我询问时，克劳捷没有告诉我有多少字节跳动的员工可以访问这些数据，他也没有告诉我这些员工的数量级，是10万名字节跳动员工中的几十、几百、几千，还是几万人。

另一名员工告诉我，西方国家的用户数据，包括个人身份识别数据是如何被定期转移到电子表格中的。这些电子表格会被分享到TikTok的内部通信系统中，这个系统在中国被称为"飞书"，它至少有部分服务器位于中国。他们说："对于要完成的目标，我们现在有一些并不一致的声明，而且尚未制定出一个政策。"

事实上，这不是一个大骗局，而是一个小小的善意的谎言。可以理解为什么会发生这样的情况：地缘政治局势如此紧张，TikTok 很难承认事实上有部分数据会出现在中国，因为工程师都在这里。即使这些情况十分隐蔽而且被严格控制，TikTok 也冒着引爆争议风暴的风险。

然而，对于大型科技公司来说，包括脸书和字节跳动，它们对个人用户数据的处理存在争议。在某些情况下，数据不是被黑客攻击（即黑客恶意破坏公司的安全系统非法获得数据），而是从可获得的信息中被"抓取"出来，聚合在一起并堆放在互联网的某个角落。TikTok 的中国版应用程序抖音存在这样的"抓取"行为（但没有证据显示 TikTok 会受到影响）。在本书出版之前，尚没有报道披露过这一点。

若干年前，47.9 万抖音用户的个人数据在一台可以公开访问的计算机服务器上被发现，这些数据在 2020 年下半年时被传输给我。在这些数据被泄露的用户中，至少有 89 人住在英国，287 人住在美国，他们都在使用抖音。

这些数据包括用户的个人身份信息（PII），如生日和地理位置。这些信息是用户自行提供给抖音的，但不会在用户的个人资料中公开显示。这些数据显然不是可以从用户那里获取的极为关键的信息，不太可能被用来敲诈勒索信用卡信息或密码。尽管如此，有些用户还是会惊讶地发现，在他们的公共档案中没有呈现的信息可以被一大群网络用户搜索到，只要用户了解搜索的方法。

例如，在英国的抖音用户中，有一位年轻的中国女性，她出生于 1995 年，她的资料照片显示她涂了鲜艳的口红，有显眼的刘海，头上戴着引人注目的白色头罩。抖音确认她位于英国伦敦。她的性别在应用程序的代码中被定义为"2"，即一名女性。数据显示她更多的是一名消费者，而不是创作者。她在数据中的"个人视频量"只有 3 个，但在应用程序中总共赞了 6 926 个视频。

她是被泄露数据的用户之一（我隐去了诸如用户姓名等可以识别个人身份的数据）。在美国，有一位性别不明的 20 岁用户住在加州格伦代尔市，其账号用了动画风格的头像。数据被泄露到公共网络服务器时，显示该用户关注了 2 930 人，有 2 871 个粉丝。他/她的"awemeCount"只有 27，这是代表人们在抖音上受欢迎程度的数据。但他/她是抖音的重度用户，总共点赞了 8.3 万个视频。

在本书撰写时，我也询问了字节跳动关于抖音用户数据被"抓取"的情况，但字节跳动拒绝对此做出回应。

聚焦创作者：麦肯锡·特纳

姓名：麦肯锡·特纳

用户名：@mackenzieturner0

关注：158

粉丝：410 万

获赞数：1.123 亿

特长：喜剧小品

当汽车绕过温哥华市中心前往一家酒店时，肖恩·菲克正在分享他因在网上成名而学到的一切。菲克是个加拿大人，23 岁，他与另一位 YouTube 当红博主莱尔·汉森是青梅竹马，他正和汉森的闺蜜麦肯锡·特纳、特纳的男朋友科比·周聊天。

这群人从高中起就互相认识，并见证了菲克和汉森的生活被照片墙和 YouTube 改变，这些平台让两人拥有了数百万名粉丝。特纳和周一路帮助菲克和汉森，在需要时出现在他们的视频中，并花了很长时间精心包装粉丝购买的商品。

特纳想追随他们的脚步。她在 2017 年建立了一个 YouTube 频道，但她承认自己不是一个好的视频博主。她回忆道："我在镜头面前不是很自然，我很紧张，也很害羞，所以我的视频看起来不是那么好。"她打算尝试转向 TikTok，好处是她只需拍摄几秒的短视频，而不用再拍摄很长的视频。菲克和汉森鼓励她，说 TikTok 是尝试社交媒体的好方式，而且它是最热门的新应用程序。与其给你摇摇晃晃的自行车加上两个童车辅助轮，还不如直接换成一辆马力强劲的摩托车。

在特纳发出第一个视频的前一天，菲克指导她怎么克服镜头前的紧张感。特纳说："他告诉我，不用害怕，阻止人们在社交媒体上做任何事情的最大原因是在意或害怕别人对你的看法。菲克说，谁在乎别人怎么想？你要全力以赴，并且每天发视频。"

第二天，特纳就发出了她的首个视频，是一个小品，内容是她和父亲发生了争执，因为特纳在她父亲打扫厨房时让他拍 TikTok 视频。特纳在 2019 年 7 月加入 TikTok，不到一个月，她就发出了第一个爆款视频。她在镜头前的感觉也越来越好，这是每天在 TikTok 发几个视频的作用。特纳说："我承认我迷上了它，我彻底上瘾了，我想变得更好，想不断创作出更好的内容。"

特纳在年轻女孩中很受欢迎，女孩们喜欢她少女感的、古怪的、有趣的内容。现在特纳不仅有支持她的朋友，还建立了自己的观众群，她在 TikTok 上有 410 万名粉丝。其中大部分粉丝是女性，而且一份自我测评的调查报告显示，她的核心粉丝的年龄在 9~12 岁。特纳说："有趣的、有少女感的视频绝对是她们喜欢的风格。"

在网络上爆红后,特纳和男朋友搬进了一套新的公寓,公寓有两间卧室和一个书房,就在她长大的街区旁边。这是她第一次搬出父母的房子。其中一间卧室和书房现在变成特纳进行视频创作的地方。另一间卧室是个洗漱房,也是她拍摄部分内容的地方。书房里有一张桌子,上面放了两台计算机,用于编辑视频。

在不同平台上了解观众对内容的需求成了特纳的全职工作,因此她暂停了自己在西蒙弗雷泽大学的学业,搁置了成为教师的计划。但搁置教师职业这一计划不符合父母对她的期望。特纳说:"我喜欢跟我的妈妈说,我们只是休息,不是辍学。辍学意味着你失败了,而休息不是。"做出这个决定的部分原因是特纳在 TikTok 上的名气日益变大。她开始意识到事情变得不一样了,因为她在自己健身私教的健身俱乐部举办的圣诞派对上被人拦下。在保龄球馆,一个年轻女孩和她的母亲过来问她能否合影。

现在这份工作每周要占用特纳 6 天时间。特纳和周每天早上 8 点起床,到健身房锻炼一小时。回到家后,特纳会开始做准备,化妆、给头发做造型,然后开始拍摄视频。她每周花两天拍摄发在 YouTube 上的视频,剩下的日子里,从上午 9 点到下午 6 点,她会专注于 TikTok。她每天可以拍 4 个 TikTok 视频,从策划到构思,并把它们拍出来。在特纳拍摄视频时，周就在隔壁房间剪辑 YouTube 视频。

尽管她很成功，但特纳还是觉得自己很脆弱。在朋友的建议下，她开始运营 YouTube 频道。"每个人都有点紧张，因为 Vine 在很多人成名后就这么快速地消失了。"她说，"而 Vine 上的聪明人带着他们的事业，又在 YouTube 上为自己建立了更大的平台。"

第七部分

未来

第35章
行业竞争

如果询问不了解情况的人,你会发现他们可能会认为 TikTok 是推特旗下短视频应用程序 Vine 的替代品,但 Vine 的实际继任应用程序是 Byte,这款应用程序是 Vine 的创造者唐·霍夫曼在3年后才开发出来的,在 2019 年圣诞节前悄然向公众发布。虽然 TikTok 是沿着 Vine 的路线继续前进的,但字节跳动的大量竞争对手已经发现了 TikTok 所取得的巨大成功,并想从中分一杯羹。

TikTok 的巨大成功引得一系列类似应用程序不断面世:脸书在 2018 年 11 月发布了一款名为 Lasso 的应用程序,并于 2020 年 5 月再次尝试推出另一款名为 Collab 的应用程序,而这款应用程序大量借鉴了 TikTok 的设计。一款名为 Zynn 的应用程序迅速在手机应用商店中走红,这款应用程序的口号是"奖励自己的有趣方式",看起来非常像 TikTok。除了模仿 TikTok,这款应用程序还用金钱奖励用户。第一次打开应用程序,屏幕底部会弹出一个礼包,给每个登录的用户 500 分，这 500 分是应用程序内的货币，最终可以兑换成现金，1 积分可以兑换 0.01 美分。此外还有更多的现金奖励等待着用户：如果用户推荐一个朋友下载这款应用程序并上传了作品，用户就可以得到 6 美元的奖金。如果这位朋友在下载后的两天里继续上传视频，那么该用户就可以再得到 2 美元的奖金。

Zynn 是 Owlii 公司旗下的产品，后来该公司被中国公司快手收购了，而快手是抖音在中国最大的竞争对手。抖音每天有 6 亿用户登录，而快手每日登录的用户也有 4.8 亿。就像抖音孕育了 TikTok 一样，快手也孕育了 Zynn。"Zynn 是我们为北美市场量身定做的产品。"Owlii 的发言人告诉科技网站 The Information（硅谷一家付费订阅的科技新闻媒体）。为了表达 Owlii 与字节跳动进行竞争的意愿，该发言人补充说："我们相信短视频的发展前景还很广阔。"

这种威胁并不是空穴来风。尽管字节跳动有大量的现金储备，但快手也有足够的资金支持。快手在 2019 年 12 月从一些投资人手里募集了 20 亿美元的资金，腾讯也是其中一员，它一直在中国与字节跳动竞争。快手甚至于 2021 年 2 月在中国香港启动了一次大规模的首次公开募股，这次募股使快手的估值达到 1 800 亿美元。

快手和字节跳动陷入了一场争夺用户的战争，并采用了一些手段从对方手中抢夺用户，Zynn 在美国采用的金钱奖励模式就是学习了快手和抖音。这样的战争经常以诉诸法庭告终。腾讯此前曾诉字节跳动侵犯其版权以及进行不正当竞争，百度也起诉了字节跳动"干扰"搜索结果以推广今日头条。快手和字节跳动也出于各种不同的原因在法庭上起诉对方。2020年3月，字节跳动向北京市海淀区人民法院提起诉讼，请求法院认定快手干预了应用程序商店的搜索结果，人们在搜索字节跳动旗下的应用程序时显示的结果是快手。快手也将字节跳动告上法庭，称当任何人在应用程序商店搜索快手时，也会显示字节跳动旗下的应用程序，从而诱导用户下载。快手主张这是"不正当竞争"，字节跳动应该向快手支付500万元人民币的赔偿。

相比于国内的竞争者，对TikTok未来在西方的发展构成更大威胁的是两款来自美国的竞品。其中一款竞品热衷于紧跟着TikTok，而另一款竞品则高高在上，拥有着庞大的用户群。

Triller（美国一个社交网络和娱乐平台）喜欢把自己定位为TikTok的替代者，这款应用程序是迈克·卢研发的，他是一个充满激情的餐馆老板和一个科技领域的连续创业者。一些有影响力的音乐人入股了Triller，并向Triller提供了其创作的音乐的合法使用权，而版权问题正是长期以来一直困扰着TikTok的问题。随着禁用TikTok的传言不断涌现，Triller签下了TikTok的一些主要创作者作为管理人员，包括专注于TikTok的人才管理公司TalentX Entertainment的联合创始人乔西·理查兹。他们带来了像诺厄·贝克这样的创作者,这位才华横溢的足球运动员现在是社交媒体上的名人。乔西·理查兹签约时说,他是在"看到美国和其他国家的政府对 TikTok 表示担忧"后加入 Triller 的。然而,他和贝克仍在 TikTok 上传创作内容。

  Triller 利用了 TikTok 的动荡。最终这款应用程序在全球 50 多个国家的应用商店中名列前茅,2020 年 8 月初在德国的应用商店中排名上升了 559 位。该公司声称,这是因为一周内下载量增加了 20 倍,超过 2.5 亿次,这些数据被第三方监测机构质疑,但当这些机构受到被起诉的威胁时就不再质疑了。同时,该公司声称下载该应用程序的人中有 6 500 万是月活跃用户,约占 TikTok 月活跃用户数的 10%。

  Triller 正在竭力指出自己是 TikTok 的本土替代产品。2021 年 6 月,它宣布计划启动首次公开募股,寻求投资,将公司的价值提高到 50 亿美元。然而,与在 TikTok 陷入低谷时进入短视频市场的其他大型公司相比,它仍然是"小鱼"。

  马克·扎克伯格提醒人们关注 TikTok 的成功已有一年多的时间,最早他告诉员工,TikTok 是第一个走出中国的成功范例。他试过推广 Lasso 以与之抗衡,但收效甚微,他希望另一款应用 Instagram Reels(照片墙短视频服务)能有更好的表现。

  Instagram Reels 是伴随着争议诞生的,因为它看起来很像 TikTok,而且它面世的时间点正是特朗普高呼要禁用 TikTok 时。

2019年10月，脸书创始人扎克伯格与唐纳德·特朗普在白宫举行了一次私人晚宴，据说当时扎克伯格称中国公司威胁到了美国企业。《华尔街日报》称，这是扎克伯格在与参议员会面时不断重复的说法，大概从美国开始对TikTok进行国家安全审查时，扎克伯格就开始提出这种说法了。

脸书断然否认扎克伯格是美国政府加强对TikTok审查的幕后推手的说法，称仅凭扎克伯格的言论就影响国家安全决策是"可笑的"。而且脸书和白宫拒绝透露扎克伯格和特朗普在就餐时谈了什么。

TikTok方面对Instagram Reels的推出并没有感到太多困扰，至少没有公开表示受到了困扰。TikTok的欧洲区总经理里奇·沃特沃斯告诉我："我认为每个人在看到Instagram Reels时都会称赞，还有什么能比有人试图复制我们一直在做的所有伟大事情更值得炫耀的呢？"沃特沃斯认为，Instagram Reels很难模仿TikTok。"Instagram Reels无法复制我们产品核心的创造性精神，因此我们对TikTok的发展感到非常自信和乐观，其他公司可以专注于它们想做的事情。"照片墙并不是唯一试图进入TikTok地盘的科技巨头。YouTube也宣布了自己推出的竞争产品YouTube Shorts，它也有一个与TikTok类似的1亿美元的创作者基金。

无论特朗普和扎克伯格之间的谈话涉及什么，无论是谁在向美国的决策者献言，唐纳德·特朗普向美国人和世界其他国家的人提出了一个简单的问题：你希望你的未来掌握在硅谷巨头手中吗？尽管在过去的 1/4 个世纪里，这些巨头很乐意利用我们的数据来赚取数万亿美元，甚至不惜践踏公民权利。

  上述讨论都集中在 TikTok 这款应用程序上，但关于在线视频的未来，还存在更大的争议。目前，TikTok 专注于短视频，也就是长度不超过 60 秒的视频片段，作为人们路上的娱乐"零食"和消遣。但就像所有与字节跳动有关的事情一样，这并不是事情的全貌。2021 年，TikTok 开始将一些创作者的视频长度上限从 1 分钟延长到 3 分钟，就像 YouTube 在早期给其创作者更多的余地制作更长的视频一样。有些创作者担心 3 分钟的长度可能会影响他们的参与度，也担心 TikTok 算法会因此产生新的分析内容和方式，对此，TikTok 产品经理迈克尔·萨提亚帕说了一些令人欣慰的话。他告诉我："尽管有不同的视频类型，但我认为 TikTok 仍是以参与为基础的。"也就是基于点赞、评论和分享。

  除了直播，字节跳动旗下的其他应用程序也可能威胁目前由 YouTube 和奈飞掌控的西方长视频市场。直播在抖音上特别受欢迎，也正在成为 TikTok 的重要组成部分。在中国，西瓜视频是一个快速发展的应用程序，专注于长视频。西瓜视频有 YouTube 用户创作的活力，更有与奈飞一样备受好评的内容。西瓜视频目前正在快速发展，仅在中国就有 1.28 亿月活跃用户。西瓜视频与英国广播公司（BBC）达成协议，独家播放该公司的一些大型系列节目，有《蓝色星球》等流行的自然纪录片，也有《嗨！道奇》等孩子们喜爱的节目。

无论你认为这是国家的深层策略还是技术的未来方向，所有证据都表明这并不是阴谋，而 TikTok 应该引发更广泛的关于技术方向的讨论。如果世界互联网行业的前几十年是以美国模式设计的，那么其未来可能更像是中国人与技术交互的方式，而且不止一种方式。

TikTok 在美国风雨飘摇，在英国却受到政府青睐，可能是上述观点的最佳证明。TikTok 公司正在四处寻找全球总部的位置，而鲍里斯·约翰逊政府渴望看到 TikTok 选择伦敦。消息传出后，英国国际贸易部，商业、能源和工业战略部，以及位于唐宁街 10 号的首相办公室都在试图将 TikTok 的全球业务带到英国。

文化部和商业贸易部的公务员分别准备了关于 TikTok 总部坐落于英国的潜在优势的文件，并进行传阅。2020 年 3 月，国际贸易部向 TikTok 的高管示好，他们邀请 TikTok 高管参加将在伦敦普华永道的豪华河畔办公室举行的中国投资者晚宴。在那里，高管将有机会与卡罗琳·威尔逊交谈，邀请函上写道："她将在英国驻中国大使馆担任一个非常重要的职位。"国际贸易部的投资主管迈克尔·查尔顿在写给 TikTok 在欧洲的两位高管伊丽莎白·坎特和里奇·沃特沃斯的电子邮件中没有那么谨慎。他直言不讳地说，威尔逊是被选定的英国驻华大使。然而，在中方正式确认这一任命之前，这一信息是被严格保密的，希望 TikTok 对此守口如瓶。

TikTok 确实保持了谨慎，尽管英国政府愿意将其驻华大使的身份泄露给一家民营公司的信息并没有保密很久。虽然最后 TikTok 的高管没有参加晚宴，但双方的联系并没有终止。双方在 2021 年 4 月 27 日安排了一次会议，这次会议表面上看起来很顺利。当时 TikTok 的全球首席执行官朱骏被邀请与政府的一些高级谈判人员一起召开电话会议，TikTok 和英国政府一直保持着电子邮件沟通，直至 2020 年 6 月的会议，当时 TikTok 在美国的危机达到了顶峰。

伊丽莎白·坎特在 6 月 23 日举行的线上会议开始后 90 分钟就发了一封电子邮件。她为会议气氛"有些压抑"而表示抱歉。看来，人们的态度已经改变。到了 7 月，在威斯敏斯特流传的关于 TikTok 在英国的未来规划的文件被搁置了。与我交谈的 TikTok 内部人士已经从对在英国设立总部的可能性保持缄默，变成了当有人提出这个问题时干脆转移话题。他们说，那些消息都是谣言和猜测。

但这些文件确实在政府部门间流传过，双方确实进行了谈话，也确实通过邮件进行了交流。然而，现在的情况已经出现了变化。反华情绪不仅在唐纳德·特朗普的竞选集会上蔓延，它的回声也在全球的权力格局中回荡。关于字节跳动的讨论从单一应用程序及其重要性转移到了对现在和未来的科技力量的平衡上。

第36章
张一鸣"后退"，字节跳动"前进"

在38岁时，张一鸣拥有了一切。他有自己的梦想，想建立一家像谷歌一样的跨国公司，超越作为一个中国商人和企业家的限制，实现在全球范围内的成功。他围绕着算法建立了应用程序，这个算法比我们更了解我们自己，并且能够以一种很少有人能够做到的方式发掘我们的欲望和兴趣。这款应用程序大获成功。TikTok在全球引起轰动，其发展速度是大多数企业难以企及的。在两年时间里，这款应用程序已经家喻户晓，成为流行文化的试金石。他创立的TikTok的母公司字节跳动的市值至少在1 800亿美元，而且每天都在增加。

但是，当张一鸣坐在数字谈判桌对面，与希望从他手中夺走他所建立的全球业务一部分的潜在买家谈判时，他一定认为自己的梦想中有一部分已经变成了噩梦。在由于受新冠肺炎疫情影响而无法踏出国门时，他试图引导公司的未来摆脱衰落的命运。同时，他还要在 15 个小时的时差下开展自己的工作。在硅谷的工作时间里，他彻夜未眠，研究想要收购他公司的美国企业，然后白天睡觉。

他已经做了所有正确的事情，张一鸣一定也是这么想的。他试图走一条少有人走的路，在符合中国的政策法规的范围内运营公司，同时也保持与他的世界性、环球旅行的观念相匹配的开放度。

他试图进行一些弥补，接受一些过分的要求，并考虑出售 TikTok 的股份。他联系了更了解美国商业模式的微软高管，请他们指导他如何与这位脾气暴躁的美国总统交流，以及如何打消他对中国深层阴谋的担忧。据报道，他阅读了微软总裁布拉德·史密斯写的一本书《工具，还是武器？》，书中谈到微软是如何在以技术改变世界的同时遵守道德要求的。张一鸣对这本书非常着迷，并要求字节跳动的员工阅读这本书。

然而，这仍然是不够的。

2021 年 6 月 9 日，就在本书英文版即将出版之际，美国新任总统拜登签署了一项行政命令，与一年前特朗普签署的那项让 TikTok 陷入恐慌的命令不同，拜登的公开信撤销了 TikTok 面临的迫在眉睫的威胁。

TikTok 内部人士并没有因此而松一口气。虽然拜登不想继续运用特朗普的强硬手段，但撤销令并不是缓刑令，它只是对即将到来的事情的警告。

与想要将 TikTok 驱逐出去的第 45 任总统（特朗普）不同，第 46 任总统（拜登）承诺将按规矩办事。拜登想确保 TikTok 和其他中国应用程序的潜在国家安全风险得到真正的审查。如果发现了一款应用程序有问题，他就会采取更明确、更有力的行动。

特朗普政府赤裸裸的威胁在 2020 年时经不起法庭的审查，这项政策在 2021 年被更严格的调查所取代。威胁仍然笼罩着 TikTok，甚至可以说威胁从来没有如此清晰过。

拜登意识到而特朗普没有意识到的，以及本书试图解释的是，TikTok 处于中美争夺科技领先地位的旋涡中。谁在这场竞争中取胜，谁就能赢得未来。

正因如此，拜登将中国作为 2021 年夏天在康沃尔举行的七国集团峰会的关键议题。"我们在进行一场竞赛。"拜登在踏上"空军一号"之前告诉记者。

如果张一鸣认为他的公司没有受到影响，他很快就会意识到自己错了。而且他不仅仅是被美国政府警惕。

近 10 年来，一鸣（他要求他的员工这样称呼他）设法平衡东西方的文化差异，同时将字节跳动从一个只有 4 间卧室的公寓和挤在客厅里的三排桌子的公司发展成一家在全球拥有超过 10 万名员工的企业。

白手起家的企业在科技界并不引人注目。硅谷充满了关于世界上最大公司起于微末的传说。早期的字节跳动员工，在有时会断电的公寓里蜷缩在笔记本电脑前，有宜家的家具可用就是一种幸运，而且亚马逊早期的办公环境也非常简陋。

但张一鸣在中国建立了一家业务达到数十亿美元的科技公司，他的能力确实令人印象深刻。他成功地在这种环境中走出了一条道路，并且似乎击败了美国政府试图使其破产的集体力量，取得这样的成就并不容易。

并不是说字节跳动以及 TikTok 没有到达过崩溃的边缘。TikTok 已经失去了在印度的生存能力。而它在中国的生存因为内涵段子这款可以分享趣味内容的应用程序也受到过威胁。

4 年来，字节跳动不断发展，而且相对来说没有受到什么惩罚。但是 2016 年直播兴起，字节跳动随即失去了一些监控和调节平台上内容的能力。

首先是 2018 年 3 月底的一条全国性电视新闻报道，报道中批评了该款应用程序中的不道德行为。几天后，国家新闻出版广电总局发布命令，称内涵段子违反了社会道德，将进行全面整改。

北京时间第二天凌晨 4 点，张一鸣在微信上发布了一条信息。他写道："我真诚地向监管部门致歉，向用户及同事们道歉。从昨天下午接到监管部门的通知到现在，我一直处在自责和内疚之中，一夜未眠。"他一直在思考过去几年的发展方式。"产品走错了路，出现了与社会主义核心价值观不符的内容，没有贯彻好舆论导向，接受处罚，所有的责任在我。"

由此内涵段子结束运营。张一鸣犯了一个错误：中国的经济环境给了他一个机会，使他的应用程序可以比历史上任何时候都更快地发展，他的工程师背景使他能够将精力和资源投入公司的建设中，但是他没有采取足够的措施，来补上在平台监管、企业社会责任方面欠下的功课，比如对低俗、暴力、有害内容、虚假广告的有效治理。他对此充满遗憾，并向监管机构道歉。

"我们理应做得更好。我们一定会做得更好。"他最后说，"我们真诚地期待社会各界帮助和监督我们的整改。我们绝不辜负大家的期望。"

事实上字节跳动及其产品在印度、巴基斯坦和美国遇到的麻烦远比其在本土遇到的麻烦要多。

2021年5月底，抖音成为中国网信办筛选出的105个侵犯用户数据权利的应用程序之一。当我们担心TikTok用户的信息会被发送到中国时，中国也紧跟欧洲《通用数据保护条例》这一立法趋势，开始加强对本土互联网企业数据合规性的管理，对公司如何处理个人数据进行了限制。与其他被中国监管机构监管的公司一样，字节跳动有15天时间进行自查并纠错，逾期不整改将面临处罚。

就在抖音面临整改的前两天，张一鸣给字节跳动的所有员工发了一封电子邮件。他写道："自今年年初以来，我花了很多时间思考如何更好地推动真正的长期突破，这不能简单地依靠稳定而渐进的发展。"他的同事注意到他没有更新自己的OKR目标，即他想为自己和所有员工下一季度设定的目标。他的解释是因为他没有达到上一个目标。

他写道："很长时间以来，我把我的在线状态写成'白日梦'。我的意思不是说我在打瞌睡，而是说我在思考人们可能认为只是幻想的可能性。在过去的3年里，许多看起来像幻想的事情事实上已经成为现实。"

但在会议上，他已经开始打瞌睡了，或者说，他一直在努力跟上。虽然在2017年，当他的软件工程师谈论机器学习的最新发展时，他还能跟得上，但到了2021年，他就显得心有余而力不足。他有一个很长的阅读清单，留待以后阅读。问题是，其他事情不断涌现。

很少有人会责怪他的掉队：在过去的12个月里，由于政府的一项政策，字节跳动在印度一夜之间失去了2亿多用户，并面临着再失去1亿用户的风险。为了阻止这种情况发生，他没有委托任何人，而是亲自与世界上最大的科技公司，也是潜在的收购者会面。在我们试图追踪特朗普事件的每一个诡异的转折时，员工告诉我和其他记者，真正知道TikTok最终归属权的就是张一鸣本人。他就是那个打电话的人。

与此同时，他还在努力保持字节跳动这辆"失控"的矿车在轨道上安全行驶，这辆装载着价值数十亿美元黄金的列车在世界各地摇晃着前进，每天获得近 50 万名新用户。一款在 2018 年 1 月拥有相当于缅甸人口总数用户群的应用程序，到 2020 年 10 月时，其用户数量相当于美国人口数量的两倍加上德国的人口数量。一个国家的领导人有时都很难控制这么大的人口基数。

因此，他选择后退也就不足为奇了。他已经亲自挑选了一位继任者——公司的联合创始人梁汝波。梁汝波帮助他在住宅楼里搭建起了简陋的办公室。"从第一天起，梁汝波就是一个重要的合作伙伴，他为我完成新系统的编码、购买和安装服务器、制定关键的招聘和公司政策及管理系统，他还有很多贡献，我无法一一列举。"张一鸣告诉员工。他会在 2021 年下半年逐步移交领导权，让自己有时间探索公司的长期未来。

从本质上讲，张一鸣对中国来说太过"西方化"，对西方来说又太过"中国化"。他发现自己迷失了，但 TikTok 没有。

第 37 章
科技霸主之争

TikTok 是一款用户量很大的应用程序，而且将持续运营。我们需要关注 TikTok，但不只是关注 TikTok。

本书之所以将写作范围从这款应用程序扩大到字节跳动，以及关于未来几十年科技发展方向的讨论，是因为这种讨论很重要。自从张一鸣读了第一本商业传记，他就想创建一家能与谷歌相媲美的跨国公司，他决心要做到这一点。TikTok 是一个立足点，使字节跳动获得足以实现多样化并进行扩张的能力。

为了理解科技未来的发展方向，理解从美国独大到更加国际化的观念的转变，我们需要理解字节跳动，以及它的地位上升带来的问题和潜力。我们需要了解创造 TikTok 的科技文化。

我们既需要了解孕育了硅谷巨头的科技文化，同样需要了解为什么像 TikTok 这样的应用程序，可以诞生于与西方制度完全不同的中国的制度下，这两种制度看起来背道而驰。脸书、YouTube

和推特的成功源于言论自由和对企业的自由放任态度，这允许所谓的"科技独角兽"在最小的监管下成长。不要忘了，我们今天面临的许多问题，如政治两极化、接受阴谋论、相信假新闻等，都是这种不闻不问态度产生的结果。这与TikTok诞生的环境截然相反。

我们需要知道，这不仅关乎TikTok的未来，还关系到我们使用的应用程序和我们口袋里的手机的未来，也关系到我们的数据去向，以及我们对这些数据的使用方式和思考方式。

多年来，我们一直从外部观察中国和中国科技的崛起，将其视为一种外来的、与我们不同的发展方式。几十年来中国制造的硬件为我们使用的设备提供了驱动。但是，我们第一次看到源于中国的技术潜力，这种技术影响了市井小民的日常生活。环境已经发生了巨大的变化，中国公司只是复制西方的最新科技创新的笑话已经过时。现在，中国公司如字节跳动、快手和腾讯正在引领创新，而脸书、YouTube和照片墙正在复制中国公司的产品。

澳大利亚新南威尔士大学艺术和媒体学院高级讲师赵婧说："以前的说法是中国制造出了适应本土的西方数字产品。如今，舆论方向转向了西方社交媒体平台如何向中国社交媒体平台学习。这些源自中国的超级应用程序开始重新制定规则，并以其形象塑造世界。"

一位不愿透露姓名的西方主要政治家认为，风险在于，最激进的国家因对数据处理莫须有的担心而打压中国的应用程序，可能会分裂全球的互联网行业。如果我们找不到一个更好的方法来回答"脸书和推特该怎么办？"这一问题，我们就会面临巨大的损失。

这位政治家说，科技未来走向何方，以及它是沿着硅谷巨兽描绘的道路前进，还是以中国为中心的道路前进，是一个很重要的问题。"令人惊讶的是社交媒体如何改变了我们的生活方式。"他说，"对于许多人来说，脸书就是互联网，推特就是新闻。这些公司产生的数据并不重要，但算法是非常重要的，它们允许你看到什么东西很重要，即使它们没有刻意这样做。"政治家明确表示，他们不相信 TikTok 的算法有任何恶意或故意地将中国的软实力延伸到全球的每一个角落的行为。

这不是一个相当于今日俄罗斯（RT）的社交媒体，也不是中国的英语新闻频道 CGTN。

"这些社交平台确实是通过二进制算法形成的，但从根本上说，这些软件所做的是将用户自己对世界的看法注入其中。"这位政治家说。当程序员给软件进行编码时，就代入了个人对家庭的想法。想想脸书在给用户选择情感关系状态时，增加了"很复杂"的选项。这种定义已经传遍了整个地球，包括最保守的文化环境。如果这些平台是由住在中国寝室里的孩子们进行编码的，他们就会写出完全不同的代码来。"很复杂"这种观念其实并不重要，重要的是关于私人的概念，私人空间意味着什么？国家或公司可以知道什么？

这是TikTok在试图成为像谷歌一样的跨国公司的过程中一直很纠结的问题。这可以从该应用程序不得不回答的3个问题看出来：关于如何对待残障人士和超重者，关于面对封禁一些违规账号的指责，以及关于通过中立算法以不同的方式面对女性及其身体。随着TikTok的每一次进步，人们担心世界是否会逐渐变得更加谨慎、更加规范。

当然，TikTok已经花了很大力气来解释它为何起始于中国，以及对国家审查方面的内容的谨慎态度。这正是2020年9月英国议会强调的一个挑战。TikTok的欧洲政府关系和公共政策总监西奥·伯特伦说："TikTok在中国之外做生意。英国的TikTok由欧洲管理团队领导，他们与你有同样的世界观。"

伯特伦承认，这些西方高管正在努力消除偏见。"我们知道人们有这些担忧，我们知道这是因为TikTok诞生于中国。我们致力于达到比任何人都高的透明度，因为我们想证明自己的平台没有受到任何来自中国的影响，这是一个欢迎一切群体、欢迎支持身体自信的人的地方，在这里人们会受到保护，被赞美、被捧高。"

第38章
结论

到了我该得出结论的时刻了。用TikTok式的语气来说的话，那就是"我已经为你准备好了重头戏"。

这时我可能应该展示中国对TikTok进行控制的证据了，这是相当一部分人想从这样的书中看到的东西，也是人们花了几年时间想找到证据证明的东西。但现实是，我无法做到。

我是一名记者，我的工作就是要找出事实真相。我在几个大洲的TikTok分公司内部都有消息来源，这些给我透露消息的人都是公司的元老，我还获得了外部机构的相关消息。据我所知，并没有证据表明TikTok是中国试图渗透或颠覆西方制度的一部分。

这并不意味着最终不会找到证据，也不意味着TikTok处理数据的方式没有被美化过，这样美化的目的是防止那些有阴谋论思想的反华鹰派得意忘形。TikTok并不是一个潜伏的定时炸弹，等待着在数百万西方人的手机上被远程激活。

西方人不会因为在 TikTok 上花了比大多数人更多的时间而发现自己背离了西方文化，这些担心可以搁置了。

但是这家公司，或者说它对我们所有人的文化束缚，也不像看起来那样无害。虽然它没有直接向中国发送数据，但对这种情况的恐惧意味着 TikTok 在公开声明中掩盖了一些细节。一些数据确实被传输到了中国，理论上这些数据可能被中国收集了起来。虽然你不会看到 TikTok 上流量很高的博主为中国打抱不平，但是你依然会受到影响。虽然许多观念在西方镜头下被折射了，但如果你将显微镜对准 TikTok，你会发现 TikTok 的文化准则和内容审核准则仍然包含着中国核心。这是许多人所担忧的。

那么你应该担心 TikTok 吗？并非如此，至少不是像激进的政客所建议的那样。

但你应该知道，TikTok 的成功，无论多么良性，确实开始以一种可能让一些人感到不舒服的方式来塑造我们被技术强化的未来生活。我们已经把自己的大部分生活交给了硅谷的亿万富翁，并指望他们不做任何坏事。今后，我们可能会把自己的大部分生活送给未来的那些追随硅谷富翁脚步的中国企业家。

毕竟，截至 2021 年，张一鸣已经是中国第五富有的企业家，仅身价估计就有 540 亿美元。就像张一鸣拿起通用电气的杰克·韦尔奇的传记向他学习一样，有梦想的年轻中国企业家也可以拿起这本书和其他书籍，学习张一鸣如何在两条棘手又险恶的道路上顺利前行的，即在中国建立成功的创业公司，并在全世界产生更大的影响力，获取更多回报。

通过TikTok的崛起，以及走向一个更多由中国的公司及其产品定义的未来，我们也可能看到我们与技术互动和使用技术的方式正在发生转变。中国互联网用户认为移动优先，支持单一超级应用程序的理念，他们可以通过这款应用程序完成从更新银行账户到与朋友保持联系和观看最新娱乐节目的所有事情。中国的消费者拥有一个充满活力的新兴经济，他们比西方人更喜欢直播形式的线上娱乐，这与我们目前所处的世界是不同的。而且改变我们生活的可能不仅仅是TikTok，其他中国公司以及来自亚洲的其他公司也可以改写我们与技术的关系。荷兰格罗宁根大学研究中国社交媒体平台的林健教授说："从中国发展起来的平台逻辑现在正在被扩展到西方的生态系统中。"

林教授认为如果不考虑正在进行的地缘政治阴谋，这些应用程序以及它们开发的模式和交流方式仍然是未来的蓝图。他说："如果我们只谈论社交媒体平台的业务，我认为它们在未来几年会越来越强大。"它们在中国拥有的强大基础是一块垫脚石，让它们具有了在国际上扩张的经济实力。而且它们得到了中国政府的支持，政府希望看到越来越多的中国互联网公司走向世界。

"这些地区巨头可能也想在全球市场上分一杯羹。"新南威尔士大学的赵婧教授说。我们看到脸书和谷歌在争夺亚洲市场的份额,但同时亚洲当地巨头也在进入美国市场。这件事非常复杂,因为如果你想成为一家全球性的公司,你就要为不同文化品位的消费者服务。

这些文化品位可以随着时间的推移而被重塑,正如 TikTok 的惊人崛起所证明的那样。它已经为默默无闻的人提供了发声机会,为某些书、音乐剧和音乐带来了复苏,并孕育了新一代社交媒体明星。这款应用程序使超市排队和建筑工地上的舞蹈变得寻常起来,并使一代人熟知精心编排剧情套路的种种巧思。如今我们花费比以往都多的时间,独自待在家里玩手机,是 TikTok 塑造了这样的社会。根据 TikTok 的调查,75% 的用户使用 TikTok 是为了娱乐,他们在使用该款应用程序后幸福感提升了 14%。

这些规范正在以一种更加全球化的方式被改写。只要我们意识到这些变化,并仔细监测它们对我们的影响,让 TikTok 保持诚实,并确保它们言行一致,我们就有可能看到巨大且无害的变化。对华鹰派可以继续提出对中国侵犯我们生活方式的担忧,并作为监督者确保自己不会过度滑入我们不接受的新常态。争夺未来技术的竞赛仍在进行,而且有多个竞争者在赛道上厮杀,这是一个可喜的变化,因为我们给予了美国科技巨头巨大的领先优势,而且我们给予它们的信任并不总是经得起仔细审查的。

来自中国的竞争不一定是坏事,尤其是考虑到 TikTok 背后的公司正在努力将其西方的分部与总部区分开来。通过认真监管，我们有机会将中国最好的技术与西方理念相结合，在保持审慎的态度的基础上，将我们的工作、生活和娱乐方式扩展到新的方向。就像应对其他事情一样，我们需要深思熟虑。在我们这个更加部落化的时代，生活更加黑白分明而不是灰色的时代，显然十分艰难。

  我希望通过阅读本书，你会对目前发生在我们面前的巨大转变有一个更全面的看法，并对这种转变对我们各方面产生的意义有更细致的认识。但更重要的是，我希望你能关注这款你可能认为仅属于青少年的应用程序，并看到它的本质：它是社会发展的关键驱动力，以及未来科技发展的预兆。

致　谢

出版业发展速度缓慢，而社交媒体却发展迅速。即使是在新冠肺炎疫情大流行之前，写一本关于地缘政治"避雷针"的书也是相当困难的。

Canbury 出版社的 Martin Hickman 在指导这本书完成的同时，还一直在与新冠病毒对他个人健康和公司经营产生的影响做斗争。在"正常时期"出版这样一本书就已经很不容易，更何况是如今。Zoe Apostolides 和 Lisa Moylett 在 TikTok 成为头版新闻之前就向出版商推介了这一提议。感谢三位。

同时还要感谢 TikTok 的高管和公关团队，让我在过去几年里为本书的写作和其他报道采访了许多关键员工。特别感谢 Rich Waterworth，他给予我的时间比大多数技术高管给予报道他们公司的整个记者团队的时间还要多。话虽如此，我仍然希望与张一鸣对话，并一直希望可以正式获得关于 TikTok 用户数量的数据。

我还要感谢与我交谈的几十名现任和前任字节跳动或TikTok员工，其中许多人是在匿名的情况下与我交谈的，因为他们不方便在媒体前露面。完全可以想到，如果你们不信任我，本书以及我的报道会是多么贫瘠与糟糕。

我很高兴地说，自从我的上一本书出版以来，关于互联网文化的报道已经有了新进展。我要感谢越来越多的编辑委托我撰写关于TikTok的书，特别是Insider的Shona Ghosh和Jack Sommers，他们看到了我在过去一年多的时间里报道TikTok的价值。Jack曾说过，他的人生目标是在至少5本书的致谢里被提及。你现在就有一个了。

南加州大学安纳伯格分校的David Craig不仅帮助我梳理了中国创作者经济的某些要素，还通过他在行业内的关系证明了其中的价值。Craig关于这个行业的著作非常值得一读。在我的报道中，数字世界中无数的人帮助了我。

感谢Fraser Elliott不仅帮助我进入TikTok，而且帮助我进入YouTube。Zoe Glatt也帮助了我，他把我拉到了2019年伦敦VidCon的TikTok小组。我要把成果的取得"归功"于他们俩。

写书，在新冠肺炎疫情的肆虐下继续生存并在家工作，同时整天和伴侣在一起，这对于一些人来说可能是噩梦，但对于我来说不是。谢谢你，Angelika Strohmayer，感谢你所做的一切。

感谢我的父母和祖父母，他们正在慢慢习惯我的名字出现在各种印刷品上。今天的我离不开他们的牺牲、关心和支持。他们也对我所写的主题稍有了解。值得庆幸的是，他们的非智能移动电话不能运行 TikTok。

注　释

　　本书以 120 多个小时的采访记录和背景访谈以及无数个小时的研究为基础资料。许多受访者都受雇于 TikTok 或字节跳动。

　　我对 TikTok 或字节跳动的内部人士进行了十几次访谈，其中只有部分访谈被列入下面的参考资料（官方组织的采访比下文列出的要多得多，为本书提供了重要的背景资料）。我仍然感谢他们对本书的积极投入，并希望他们能够感到自己对我公正报道的信任是有根据的。

　　为保护消息来源，这里以匿名或模糊处理的方式引用了比上述访谈多得多的对其他字节跳动和 TikTok 员工的采访。包括在公司存在的近 10 年中，仍在那里工作的人和已经离开公司的人。

　　同样，为了保护那些提供了不被允许或授权的信息的人，一些信息来源（如 "2020 年 TikTok 内部用户数据"）必然是模糊的。我很抱歉，报道的真实性与书本参考文献的严谨性形成了对立。

我非常感谢一些业界人士给予我与其交流的时间。下面只列举了其中一些人的名字，要么是因为其他人提供的是背景资料而非确切的事实，要么是因为他们与TikTok或字节跳动有工作关系，他们认为与书中的内容相关联可能会产生消极影响。

一些已经开始研究TikTok或字节跳动产品的学者，或研究一般社交媒体的学者，也倾囊相授，但在此不做出明示。我对围绕这两家公司的现有学术文献感到振奋，也很高兴地看到目前对它们进行研究的成果的发表。

简言之，本书是由许多人的集体智慧促成的。而我只是一个"汇总者"而已。

序言

- 对亚丝明·豪的采访
- TikTok for Business（TikTok 广告业务），2021 年 6 月
- TikTok 向英国公共数字、文化、媒体和体育委员会的说明，2020 年 9 月
- TikTok 印度用户数据，2019 年 12 月

第 1 章

- 对朱骏的采访，2016 年
- TikTok 美国原告法庭提交文件，2020 年
- 对里奇·沃特沃斯的采访
- 《YouTube 频道，上传和观看次数：过去 10 年的统计分析》，马蒂亚斯·巴特尔，2018 年
- "Techbuzz 中国"转录文本

第 2 章

- 《TikTok 网红正准备统治互联网》，泰勒·洛伦茨，《大西洋月刊》，2019 年 7 月

第 3 章

- 加州针对 TikTok 的诉讼
- 脸书澳大利亚用户数量，2020 年
- 民主党人查克·舒默与两位共和党参议员汤姆·科顿和马尔科·卢比奥给时任美国财政部长史蒂文·姆努钦的信，2019 年 10 月 23 日
- 对里奇·沃特沃斯的采访
- 《揭秘》，亚历克斯·赫恩，《卫报》，2019 年 9 月
- 《TikTok：快乐与审查》，马库斯·罗伊特与克里斯·科沃尔，2019 年 11 月
- TikTok 新闻办公室

第 4 章

- 习近平在全国宣传思想工作会议上发表重要讲话，2013 年
- 《中国的防火长城》，詹姆斯·格里菲斯，Zed Books 出版社，2019 年
- 法国安全研究员巴蒂斯特·罗贝尔对 TikTok 源代码的分析，2020 年

第 5 章

- 《TikTok 所有者在私募市场的身价超过 1 000 亿美元》，陈奕

纶（音）、维尼西·陈、凯蒂·鲁夫、黄哲平（音），彭博社，2020年5月

- 《据称字节跳动获创纪录的750亿美元融资》，彭博社，2018年10月
- 张一鸣致字节跳动员工的信，2021年6月
- 《注意力工厂》，马修·布伦南，独立出版，2020年10月
- "Techbuzz中国"的字节跳动系列播客
- "Techbuzz中国"转录文本
- 对字节跳动前员工和在职员工的采访
- 《英特尔和字节跳动合作搭建AI实验室》，Synced新闻网，2018年8月
- 《今日头条创始人兼首席执行官张一鸣谈著作权保护措施》，埃玛·李，北京，2014年8月
- 字节跳动企业最早办公室之旅，YouTube视频
- 字节跳动投资幻灯片，2013年1月

第6章

- 对斯图尔特·雷诺兹的采访

第7章

- 对卡琳·斯宾塞的采访

- 《在社交媒体明星的好莱坞之家内》，若林大介，《纽约时报》，2017 年 12 月

第 8 章

- CB Insights 的字节跳动分析报告
- Crunchbase 的字节跳动企业信息页
- 对约翰·博尔顿的采访
- Crunchbase 的 Flipagram 企业信息页
- 对字节跳动前员工的采访

第 9 章

- 对朱骏的采访
- 《一家失败的教育初创企业如何转型成为 Musical.ly，一款您可能从未听说过的最受欢迎的应用程序》，比兹·卡森，"商业内幕"新闻网，2016 年 5 月
- 对约翰·博尔顿的采访

第 10 章

- 《注意力工厂》，马修·布伦南，独立出版，2020 年 10 月
- 对字节跳动前员工的采访
- TikTok 内部图形风格指南，2021 年

第 11 章

- 《注意力工厂》，马修·布伦南，独立出版，2020 年 10 月
- 《抖音和 TikTok 的并行平台化》，D. 邦迪·瓦尔多维诺斯·凯、陈旭，2020 年
- 对 D. 邦迪·瓦尔多维诺斯·凯的采访
- 对佐伊·格拉特的采访
- 对字节跳动前员工的采访
- 对不具名 TikTok 博主的采访
- 《整形手术何时成为种族转型？》，克里斯·斯托克尔－沃克，BuzzFeed 新闻网，2013 年

第 12 章

- 对字节跳动前员工的采访
- 对吉塔·斯里达尔和萨拉达·斯里达尔的采访

第 13 章

- 《注意力工厂》，马修·布伦南，独立出版，2020 年 10 月
- 对朱骏的采访
- 《中国的字节跳动正以 8 亿~10 亿美元的价格收购 Musical.ly》，乔恩·拉塞尔、凯蒂·鲁夫，TechCrunch 新闻网，2017 年 11 月

- 字节跳动宣布并购 Musical.ly 的新闻稿

聚焦创作者：安娜

- 对安娜·博戈莫洛娃的采访

第 14 章

- 对 D. 邦迪·瓦尔多维诺斯·凯的采访
- 《你现在的注意力时长比一条金鱼都短》，凯文·麦克斯帕德著，《时代》周刊，2015 年 5 月
- 《巨量信息让我们的注意力时长集体缩短》
- 对字节跳动招聘和扩张计划的知情人士的采访
- 《TikTok 的基础技术将成为 B2B 产品出售》，克里斯·斯托克尔-沃克，《局内人》，2021 年 4 月
- 对亚丝明·豪的采访
- 对萨巴·凯内贾德的采访
- 对 TikTok 在职员工的采访
- 《TikTok 如何"发现"视频》，2020 年 6 月
- TikTok 算法主题新闻吹风会，2021 年 6 月
- 对莱娜的采访
- 《TikTok 网络名人正让大家不要再使用这款应用》，克里斯·斯托克尔-沃克，《输入》，2020 年 2 月

- 对科林·格雷的采访

第15章

- 塔哈·沙基勒和霍莉·杰拉蒂的 TikTok 个人使用数据
- 对塔哈·沙基勒和霍莉·杰拉蒂的采访

第16章

- 《YouTube 网络名人：YouTube 如何撼动电视的地位并创造新一代明星》，克里斯·斯托克尔－沃克，坎伯里出版社，2019 年
- 对字节跳动在职员工的采访
- 对法比安·欧维汉德的采访
- 《独家：TikTok 的所有者字节跳动将在年底之前狠赚 270 亿美元广告收入》，朱莉·朱、杨应知，路透社，2020 年 11 月
- TikTok 创作者市场

第17章

- 供客户查询的 TalentX 内部数据
- 对沃伦·伦茨的采访
- Sway LA 聚会录像，2020 年

第 18 章

- 对法比安·欧维汉德的采访
- 对 TikTok 离职员工的采访
- TikTok 在美法庭档案，2020 年
- 有关美国和欧洲创作者基金的 TikTok 新闻稿，2020 年
- 对柯蒂斯·纽比尔的采访
- 对众多创作者的采访
- 对 TikTok 在职员工的采访

第 19 章

- 对里奇·沃特沃斯的采访
- 对字节跳动离职员工的采访
- TikTok 内部用户数据，2020 年
- 对朱骏的采访
- 《TikTok 将因违反儿童隐私法律支付 570 万美元罚款》，茱莉亚·亚历山大，《科技博客》，2019 年 2 月
- 联邦贸易委员会新闻稿
- 《TikTok 视频很滑稽，但它意图掌控社交媒体的策略很严肃》，乔治娅·韦尔斯、杨杰、久保洋子，《华尔街日报》，2019 年 6 月
- TikTok 在职员工的公开社交媒体评论

- TikTok 职业网站
- TikTok 对创作者的标注
- 对法比安·欧维汉德的采访
- 对 TikTok 匿名创作者的采访
- 面向广告客户的 TikTok 内部平台
- "艺术家影响力"融资推介稿

聚焦创作者：康伯"马"奇

- 对彼得·克拉克的采访
- 《这个爱莉安娜·格兰德的 TikTok 模仿者厉害到让爱莉安娜·格兰德本人都惊了》，塔玛拉·富恩特斯，《十七岁》，2019 年 11 月
- 对普里西拉·比阿特丽斯的采访

第 20 章

- 对字节跳动现员工与前员工的采访
- 字节跳动员工手册
- 字节跳动招聘网站
- 对 TikTok 前员工的采访
- TikTok 员工的公开小组讨论
- Glassdoor 上有关 TikTok 的评价

第 21 章

- 对字节跳动现员工与前员工的采访
- 字节跳动官网
- 张一鸣给员工的信
- 《张一鸣,这位 TikTok 母公司字节跳动的创始人,准备踏上世界舞台》,张一鸣、朱莉·朱,路透社,2020 年 3 月

第 22 章

- 对字节跳动前员工的采访
- 卡迪·B 的 TikTok 账号
- 阿诺德·施瓦辛格的 TikTok 账号

第 23 章

- 各种版本的 TikTok 内容审核指南
- 对 TikTok 前内容审核员的采访
- 《费萝扎·阿齐兹:我不惧怕 TikTok》,BBC,2019 年 11 月
- TikTok 向媒体发出的信任与安全简报,2021 年 6 月
- 《一位跳钢管舞博士的视频受到 TikTok 的审查,她专门研究社交媒体如何封住女性嘴巴》,克里斯·斯托克尔-沃克,《输入》,2021 年 2 月
- 《TikTok:快乐与审查》,马库斯·罗伊特与克里斯·科沃尔,

2019 年 11 月

- "推行 TikTok 内容咨询委员会制度"，2020 年 3 月
- 对戴维·瑞恩·波尔加的采访

聚焦创作者：火花与蛋挞

- 对丹尼·哈里斯的采访

第 24 章

- 对特雷弗·约翰逊的采访
- 对保罗·胡里坎的采访
- 对奥勒·奥伯曼的采访
- 对 TikTok 现任员工的采访

第 25 章

- 2020 年 5 月 11 日的公告牌排行榜
- 对雅各布·佩斯的采访
- 对蒂莫西·阿穆的采访
- Lil Nas X 破纪录和改变文化之夏的内幕，《时代》周刊，2019 年 8 月
- Lil Nas X 的照片墙账户

第 26 章

・对雅各布・费尔德曼的采访

第 27 章

・马修・怀尔德的原始资料

・对奥勒・奥伯曼的采访

・对罗尔夫・祖科夫斯基的采访

第 28 章

・TikTok 取代了 YouTube 的位置，签约成为 2021 年 VidCon 的冠名赞助商，托德・斯潘格勒，《视相》，2021 年 6 月

聚焦创造者：乔爷爷

・对乔・阿灵顿的采访

第 29 章

・App Annie 关于 TikTok 使用情况的数据

・TikTok 内部数据

・律商联讯关于 TikTok 的数据，2019—2021 年

・查莉・达梅里奥的 TikTok 个人主页

第 30 章

- 对字节跳动现员工与前员工的采访
- TikTok 印度用户数据
- TikTok 内部印度地区营销幻灯片
- 《这位 TikTok 印度明星想让你知道他的名字》，司妮达·普拉姆，《1843》，2019 年 9 月
- 印度法院字节跳动案的文件
- 印度政府声明
- 本书进行的调查
- 对吉塔和萨拉达·斯里达尔的采访

第 31 章

- 《TikTok 红人正准备统治互联网》，泰勒·洛伦茨，《大西洋月刊》，2019 年 7 月
- 播客《英语科技评论》关于字节跳动的系列音频
- 本书进行的调查

第 32 章

- 查尔斯·舒默和汤姆·科顿致美国国家情报总监的函，2019 年 10 月 23 日
- 乔什·霍利提交的立法案，2020 年 3 月

- 《福克斯新闻》对迈克·蓬佩奥的采访
- 对 TikTok 人力经理的采访
- 亚马逊向员工发送的邮件

第 33 章

- 美国法院关于 TikTok 案的文件
- 对帕特里克·瑞恩的采访
- 对 TikTok 在职员工的采访
- 凯文·梅耶给 TikTok 员工的信
- 张一鸣给 TikTok 员工的信
- 《特朗普在脸书宣称"TikTok 正在监视你",500 万美国人看到,其目标是瞄准年轻的选民》,克里斯·斯托克尔-沃克,《商业内参》,2020 年 7 月 23 日
- 张一鸣给 TikTok 员工的信,2021 年 4 月
- 本书进行的调查

第 34 章

- 法国安全研究员巴蒂斯特·罗贝尔对 TikTok 源代码的分析,2020 年
- 互联网 2.0 抓取并分享给本书的数据
- 英国政府与 TikTok 的内部邮件

- 对接近英国政府决策层的人员的采访
- 对 TikTok 在职员工的采访
- 《TikTok 在 Google Play 的评分在谷歌删除恶评后重回 4.4 分》，贾格米特·辛格，*Gadgets 360*，2020 年 5 月
- 美国外国投资委员会的调查数据
- 对西方高层政治家的采访
- 对 TikTok 在职员工的采访
- TikTok 向媒体发出的信任与安全简报，2021 年 6 月

聚焦创作者：麦肯锡·特纳

- 对麦肯锡·特纳的采访

第 35 章

- 《Zynn，热门的新视频应用程序，充满了偷窃的内容》，路易丝·马塔基斯，2020 年 9 月
- 《TikTok 的竞争对手快手在 53 亿美元的香港首秀中大涨 160%》，阿尔俊·卡帕尔，2021 年 2 月
- 《腾讯支持的中国视频应用程序起诉字节跳动不公平竞争》，科科·刘，2020 年 5 月
- Triller 新闻发布
- 《TrillerNet 计划以 50 亿美元的估值上市》，萨姆·布雷克，

2021 年 6 月

- 《脸书首席执行官扎克伯格激起了美国对 TikTok 的恐惧》，乔治娅·韦尔斯、杰夫·霍维特和阿鲁纳·维斯瓦纳坦，2020 年 8 月
- 对里奇·沃特沃斯的采访
- 《将 YouTube 短片引入美国》，2021 年 3 月
- 《BBC 工作室与中国西瓜视频达成内容协议》，帕特里克·弗雷特，2020 年 4 月
- 英国政府与 TikTok 之间的内部邮件
- 对了解英国政府想法的人士的采访
- 对 TikTok 现任员工的采访

第 36 章

- 《TikTok 的创始人想知道是什么打击了他》，莉莎·林和埃娃·肖，2020 年 8 月
- 拜登的行政命令
- 拜登在 G7 峰会上的讲话，康沃尔，2021 年
- 《参观字节跳动的第一个办公室》，发布在 YouTube 上
- 关于字节跳动的 Techbuzz 中国播客系列
- 中国网络空间管理局命令，2021 年 5 月
- 张一鸣写给字节跳动员工的信

- TikTok 美国法院文件，2020 年

第 37 章

- 对赵婧的采访
- 对西方政治家的采访
- 2020 年 9 月，TikTok 在英国议会数字、文化、媒体和体育特别委员会的证词

第 38 章

- 采访 TikTok 的现任和前任员工
- 2021 年胡润全球富豪榜
- 对林健的采访
- 对赵婧的采访
- TikTok for Business 下载活动，2021 年 6 月

译后记

TikTok 是世界上增长速度最快的应用程序之一，也是第一款挑战硅谷在社交媒体中占主导地位的应用程序。中国企业开发的 TikTok 成为佼佼者，这一转变让硅谷科技巨头，以及担心会将互联网控制权让给中国的西方鹰派政客忧心忡忡。唐纳德·特朗普声称它对美国安全存在威胁，试图取缔它，印度更是已经禁用了它。TikTok 是如何在短短几年内走进国际市场的？对 TikTok 的担忧能否证明其在西方遭受的待遇是合理的？

克里斯·斯托克尔-沃克为《经济学人》、彭博社、BBC、《连线》的驻英国特约记者。在本书中，他通过访谈、记录与研究收集了关于 TikTok 如何运作的见解，并深入字节跳动公司的幕后，了解其创始人张一鸣的情况。这本书对世界新科技秩序背后的人物和战略进行了细致入微且精辟的解读。

本书译校工作由北京大学国家法治战略研究院牵头组织，北京大学法学院强世功老师、中国社科院欧洲研究所孔元老师统筹主持，法意编译团队 8 名译者合作完成。具体分工如下：

序言、第一部分：董一秀翻译，董黛、梁锐校对；

第二部分：张禹晗翻译，董一秀、董黛校对；

第三部分：邵晶巍翻译，张禹晗、董一秀校对；

第四部分：杨琳翻译，邵晶巍、张禹晗校对；

第五部分：白雪翻译，邵晶巍、张禹晗校对；

第六部分：梁锐翻译，白雪、张禹晗校对；

第七部分：董黛翻译，梁锐、白雪校对；

全书的统稿及定稿工作由赵高雅完成。

在此向上述研究院、老师、译者，以及参与本书出版和制作的全体工作人员表达衷心的谢意。

基于本书作者记者职业的属性，译者团队翻译时力图在不影响读者理解的情况下保留了其行文特色，如喜用括号解释等。但鉴于译者水平与时间有限，书中的错误和缺点在所难免，衷心希望广大读者给予批评指正。